提炼数据内涵，
回归数学精髓，
提升教学质量。

张景中 2019年10月

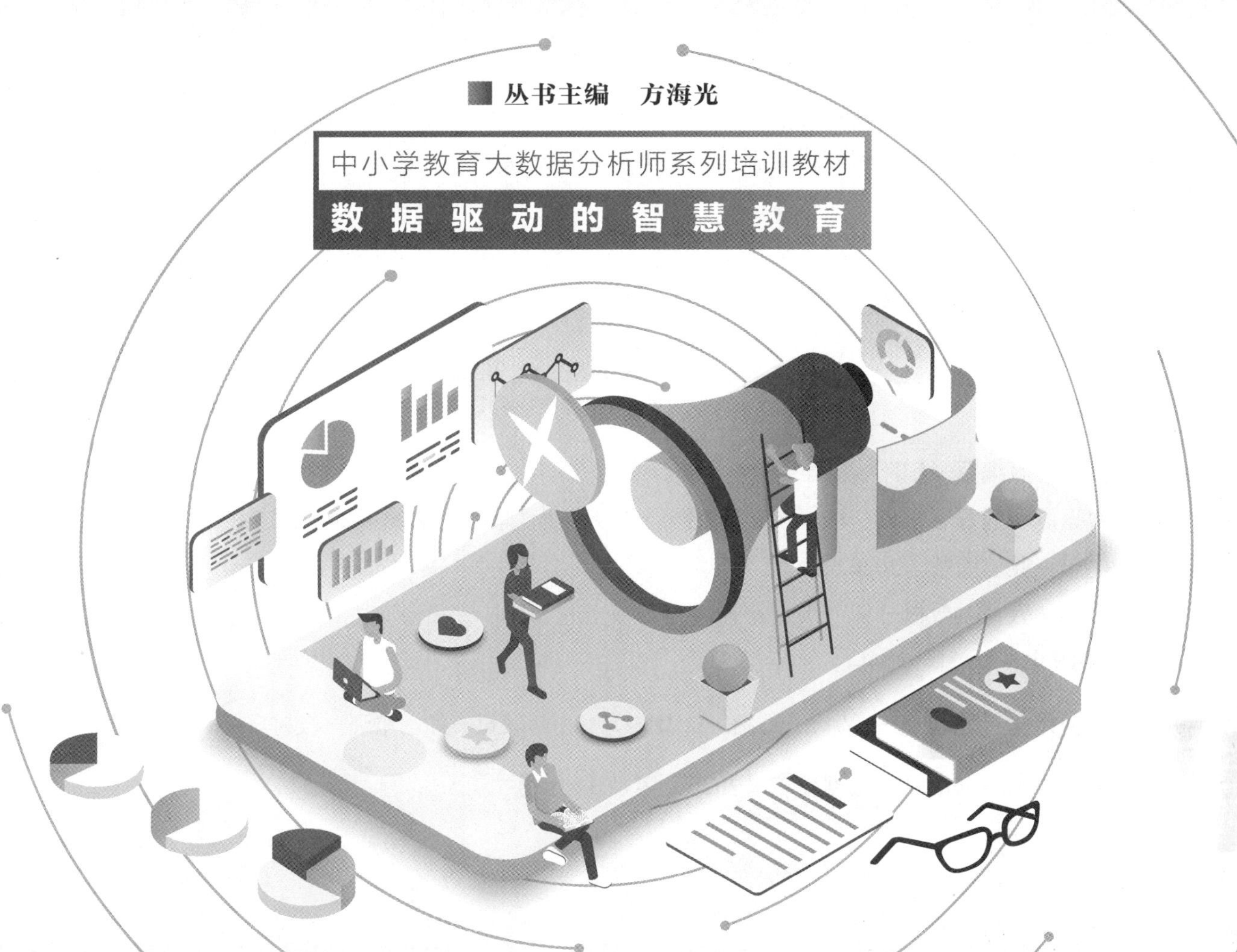

■ 丛书主编　方海光

中小学教育大数据分析师系列培训教材

数 据 驱 动 的 智 慧 教 育

数据驱动的智慧学校

中小学教师数据能力及素养

李俊杰 | 主编　　刘平　王媛 | 编

電子工業出版社
Publishing House of Electronics Industry
北京 · BEIJING

图书在版编目（CIP）数据

数据驱动的智慧学校. 中小学教师数据能力及素养 / 李俊杰主编；刘平，王媛编. —北京：电子工业出版社，2020.6

中小学教育大数据分析师系列培训教材

ISBN 978-7-121-39090-6

Ⅰ. ①数… Ⅱ. ①李… ②刘… ③王… Ⅲ. ①中小学教育－师资培训－教材 Ⅳ. ① G635.12

中国版本图书馆 CIP 数据核字（2020）第 103451 号

责任编辑：张贵芹　文字编辑：仝赛赛　邓　峰
印　　刷：涿州市京南印刷厂
装　　订：涿州市京南印刷厂
出版发行：电子工业出版社
　　　　　北京市海淀区万寿路 173 信箱　　邮编 100036
开　　本：787×1092　1/16　印张：27.25　字数：566.8 千字
版　　次：2020 年 6 月第 1 版
印　　次：2020 年 6 月第 1 次印刷
定　　价：140.00 元（全 4 册）

凡所购买电子工业出版社图书有缺损问题，请向购买书店调换。若书店售缺，请与本社发行部联系，联系及邮购电话：（010）88254888，88258888。

质量投诉请发邮件至 zlts@phei.com.cn，盗版侵权举报请发邮件至 dbqq@phei.com.cn。

本书咨询联系方式：（010）88254510，tongss@phei.com.cn。

丛 书 主 编：方海光

本 书 主 编：李俊杰

本书编写者：刘　平　王　媛

指导专家委员会

序　一

近年来，大数据、人工智能等技术在教育管理变革、学习模式变革、教育评价体系变革、教育科学研究变革等方面的作用日益凸显。国家高度重视教育大数据的发展，鼓励教师主动适应信息化时代变革。2018 年 1 月，《中共中央国务院关于全面深化新时代教师队伍建设改革的意见》明确提出，“教师要主动适应信息化、人工智能等新技术变革，积极有效开展教育教学”。2018 年 4 月，教育部印发《教育信息化 2.0 行动计划》，指出要深化教育大数据应用，大力提升教师信息素养。2018 年 8 月，教育部办公厅印发通知，启动人工智能助推教师队伍建设行动试点，将探索应用大数据支持教师工作决策、优化教师管理作为重要试点内容。2019 年 3 月，教育部印发《关于实施全国中小学教师信息技术应用能力提升工程 2.0 的意见》，强调大数据、人工智能等新技术的变革对教师信息素养提出了新要求，教师需要主动适应新技术变革。

当前，随着新技术的不断涌现与发展，很多原有的教育理论都迸发出了新的火花，大数据、人工智能等技术与教育的深度融合，将促进我们加快发展伴随每个人一生的教育、平等面向每个人的教育、适合每个人的教育、更加开放灵活的教育。教育大数据可以让教师读懂学生，让教育教学更加智慧，让教育研究更加科学。教育大数据可以让管理者读懂学校，由“经验式”决策变为“数据辅助式”决策，推动教育、教学、教研、管理、评价等领域的创新发展。

我认识方海光教授好多年了，启动丛书的策划工作时，海光还提出，希望请重量级人物来担纲主编，但我不这么认为。我觉得像他这样的中青年学者已经成长为学科发展的一线主力，理应主动承担起更大的责任。这套丛书的出版确实也让我有眼前一亮的感觉。丛书内容丰富、形式新颖，根据学校的不同角色分成了五个系列：数据思维系列、数据驱动的技术基础系列、数据驱动的智慧学校系列、数据驱动的智慧课堂系列和数据驱动的教育研究系列。丛书符合中小学教师信息技术应用能力提升工程 2.0 的要求，相信将在各级单位信息化领导力培训、信息化教学创新培训、数据能力素养培训等工作中发挥重要作用，能够为教育管理者的数据智能决策提供帮助，为教师教育的研究者提供参考，更值得广大的学校管理者、教师阅读和学习。

希望这套丛书的出版能够促使教育大数据更好地助推教育教学改革和培训教研改革，引领中小学教育的整体变革，进而推动教育的跨越式发展。

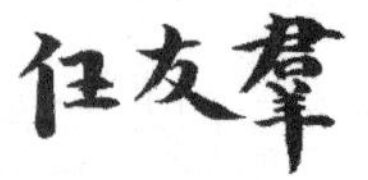

华东师范大学教授　任友群

序　二

国家教育现代化和智慧教育示范区的建设都强调了教育大数据的应用方向，教育大数据中心建设和区域数据互联互通成为当前教育信息化的发展重点。

从我国教育信息化的发展趋势来看，基础环境和资源建设与应用快速推进，师生信息化应用能力和水平显著提升。信息化不断发展带来知识获取方式和传授方式、教与学关系的革命性变化，很多学校面临知识的体系化建设阶段。在大数据和人工智能的环境下，我们面临很多新的问题：如何建设学校的知识体系？如何指导学生的学习过程？学习过程的数字化带来了更多的大数据，人工智能的数据处理引擎带来了更复杂、更精准的应用场景，更自然、更贴近人们日常生活的人机交互带来更直观的体验。各种教育大数据和人工智能应用层出不穷，学校的选择空间很大，但是在此之前，我们必须对学校的定位和自身需求有一个明确的认识：学校为什么需要教育大数据？教育大数据能帮学校做什么？学校是否需要转变应用数据的思维方式？

实际上，教育大数据并不神秘，它一直伴随着数字校园、智慧教室学习环境的建设、学习空间的应用、在线教育的发展等。教育大数据具体可以应用于精准教学、学情分析、精准管理、科学决策、学生生涯成长过程记录、学校数据统一优化。未来学校和智慧教育示范区的建设离不开教育大数据，教育大数据的应用也离不开管理者和师生对它的认识和理解，这些都是产生信息化价值的重要基础。

为了服务新时代大数据、人工智能等技术带来的教育变革需求，促进广大教育工作者深入理解和学习有关教育大数据应用的价值和知识，这套丛书应运而生。这套丛书内容全面、新颖，案例丰富且适合实践，可供关注教育大数据和教师培训的研究者和实践者使用，更值得关注未来学校发展和教师队伍建设的学校使用，也期待丛书能根据使用情况和技术的发展，愈加完善。

北京师范大学教授　黄荣怀

序 三

以人工智能为代表的新一代信息技术对教育的发展具有重要影响，国家高度重视智慧教育的发展，希望加快人工智能在教育领域的创新应用。利用智能技术支撑人才培养模式的创新、教学方法的改革、教育治理能力的提升，构建智能化、网络化、个性化、终身化的教育体系，是推进教育均衡发展、促进教育公平、提高教育质量的重要手段，这也是实现我国教育现代化的重要动力和有力支撑手段。

对于学校，数据将会成为学校最重要的资产，这是教育大数据生态的基石。学校将是一个教育大数据中心，能够实现多层面数据价值的共享。对于课堂，数据的核心价值是形成闭环，并通过这种闭环迭代，使学生的学习效果越来越接近预期目标。如何迎接新时代教育大数据的挑战是学校面临的问题，本套丛书旨在帮助学校应用教育大数据，探索基于数据的思维转变过程，掌握应用教育大数据进行教育创新的方法。

本套丛书采用了新颖的内容组织形式，各册均采用扁平化组织，只有章的结构，没有节的结构。各章的结构要素包括知识检查点、能力里程碑、核心问题、问题串、活动。其中，知识检查点是知识检查的基本单元，能力里程碑是任务完成的标志性能力。各章通过核心问题引发学习者思考，以系列问题串组织内容，引导学习者通过评估性问题和反思性活动进行探究，实现知识学习和能力提升的演化过程。活动包括自主活动、小组活动和评价活动。在自主活动中，学习者首先对本章内容进行反思，反思在平时的教育实践中是否出现过类似的问题或现象等，然后写个人心得，结合本章内容阐述在以后的教学实践中可以有怎样的举措。在小组活动中，集体讨论本章所学内容，然后各抒己见，思考如何改善教学质量，属于小组层面的交流。评价活动用于评价和检测，不仅适用于参加教师培训的教师、教育管理者，还适用于不参加培训的广大学习者。这三个活动的设置符合研修的典型特征，每个活动都有一个聚焦的主题，不限定具体的活动内容，有利于组织者安排工作，根据实际的需要展开活动，也适合学习者的自主学习、反思。

本套丛书分为五个系列，它们分别是：数据思维系列（全 1 册）、数据驱动的技术基础系列（全 4 册）、数据驱动的智慧学校系列（全 4 册）、数据驱动的智慧课堂系列

（全 4 册）、数据驱动的教育研究系列（全 4 册），共计 17 册。本套丛书的任何一册都可以单独组成 8～12 学时的培训课程，又可以以系列教材为主题组成培训主题单元模块。本套丛书既适用于国家层面、各省、各市、各区县级、各级各类学校进行有组织的教师教育和培训活动，又支持一线教师、教研员、管理者、研究者及教育服务人员的自主学习，还适合大学、研究生及高校教师进行参考和学习。本套丛书难免存在各种问题和不足，恳请各位同仁不吝赐教！

方海光
首都师范大学

前言

随着大数据时代的到来，传统教育与网络教育间无缝融合，教师可以比以往更快甚至是实时获取更多元、更完备的教育数据。数据在教学中的作用日益突出，然而拥有数据并不意味着改善教学，这就要求教师具有理解和应用数据以改进教学的能力和素养。作为教育第一线的工作者，中小学教师的数据素养直接关系到数据驱动教学的效果和质量，如何培养具有数据素养的新型教师，已经成为当下教育亟须解决的重要问题之一。

《中小学教师数据能力及素养》一书共分六章。第一章是本书的总纲，介绍数据素养的内涵和外延，以及教师数据素养的构成要素。第二章到第三章主要介绍教师数据素养的功用和发展策略。第四章到第六章主要介绍如何在知识技能层面、教学实践层面和教学探究层面培养教师数据素养，包括如何了解学科的整体学习状况，如何比较班级成绩和学科的成绩，如何用图形和数字描述班级成绩分布状况，如何提高获取教学数据的能力，如何加强处理教学数据的能力，如何加强评估数据的能力，如何运用数据驱动教学决策，如何运用数据开展教学交流，如何运用数据开展教学研究。

本书以实际问题为主线，介绍教育统计学中常用的统计量、统计图表，介绍传授高级搜索技巧以及利用 Excel、SPSS、Access 软件处理数据的方法，详解各类教学数据结果，强调数据在教学策略、教学交流、教学研究这些具体情境中的应用。书中涉及的实例均来自于教育领域的实践数据。

此外，本书尽量在每个章节中配以具体的实例分析，它们对广大教师有一定的借鉴意义。

由于时间仓促，书中难免存在瑕疵，祈请读者指正。另外，数据素养及能力需要在教学实践中不断提升，我们诚恳地希望广大教师为数据素养的提升提供宝贵的经验。

感谢方海光教授对本书选题和出版给予的关怀，感谢北京教育学院丰台分院石群雄副院长对于笔者写作工作的大力支持。

李俊杰

北京教育学院丰台分院

目录

第一章　初识教师数据素养

本章学习目标

在本章的学习中，要努力达到如下目标：

◆ 了解信息素养、数据素养和统计素养的内涵及关系（知识检查点 1-1）。

◆ 了解教师数据素养的内涵（知识检查点 1-2）。

◆ 了解教师数据素养的构成要素（知识检查点 1-3）。

◆ 掌握提升教师数据意识的路径（能力里程碑 1-1）。

本章核心问题

教师数据素养的内涵及构成要素是什么？如何提升教师的数据意识？

本章内容结构

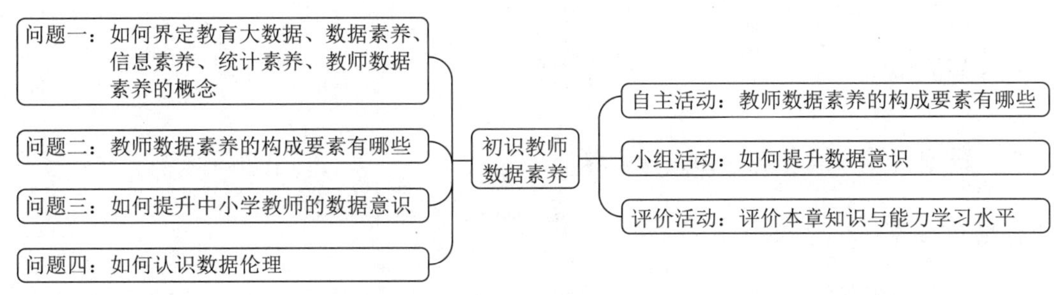

引　言

随着大数据时代的到来，传统教育与网络教育间无缝融合，教师可以较以往更快甚至是实时地获取更多元、更完备的教育数据，数据在教学中的作用将日益突出，然而有了数据，并不等于教学就能得到改善，还要求教师具有理解和应用数据以改进教学的能力和素养。作为一线教育工作者，教师的数据素养直接关系到数据驱动教学的效果和质量。如何培养具有数据素养的新型教师，已经成为当下教育亟待解决的重要问题之一。

问题一：如何界定教育大数据、数据素养、信息素养、统计素养和教师数据素养的概念？

一、教育大数据

教育大数据是大数据的一种，是整个教育历程中所形成的以及按照教育需求搜集到的所有促进教育发展，并有庞大隐含价值的数据集合。从广义上说，教育大数据指所有与教育有关的数据集合，如在教学活动中形成的各种数据等。从狭义上说，教育大数据指与学习有关的数据。教育大数据有三种形式，除了能直接被机器读取并识别的结构化数据（如测试成绩、排名情况和点击次数等）外，大多为半结构化和非结构化的数据，如通过口头反馈或书面反馈提供的语义信息。

教育大数据包括四大类：一是课程数据，一般存在于学校的教务管理系统中，如课程内容数据资源、作业完成水平、平时测试成绩和期末考试成绩等；二是课堂数据，指的是使用教室的监控设备等获得的教师和学生在课堂中的行为表现，从而生成的数据，如课堂互动情况等；三是网络学习行为数据，如学生观看课程视频或做习题的时长、修改的次数、点击频率、阅读次数等；四是影响个体学习但与学习行为不直接相关的数据，如社交数据、个人心理和身体状况相关数据等。

教育大数据是教师开展教育分析的有效工具，它为分析和提升学生学习效果和改进教学策略提供科学依据。从教育大数据的数据来源和应用领域来看，它在将来的教育中会起到极其关键的作用。

二、数据素养、信息素养和统计素养

1. 数据素养

数据素养的界定涉及到两个层面的内容：一是思想意识层面，包括对数据意识和数据伦理等方面的要求；二是实践技能层面，包括数据获取、数据处理、数据交流、数据应用等方面的能力。

2. 信息素养

信息素养包括关于信息和信息技术的基本知识和技能，运用信息技术进行学习、合作、

交流和解决问题的能力，以及信息的意识和社会伦理道德问题。具体而言，信息素养应包含以下五个方面：

（1）热爱生活，有获取新信息的意愿，能够主动从生活实践中不断地查找、探究新信息。

（2）具有基本的科学和文化常识，能够自如地对获得的信息进行辨别和分析，正确地加以评估。

（3）可灵活地支配信息，具备选择信息的能力。

（4）能够有效地利用信息表达个人的思想和观念，并乐意与他人分享信息。

（5）无论面对何种情境，都能够充满自信地运用各类信息解决问题，有较强的创新意识和进取精神。

3. 统计素养

统计素养是计量素养的组成部分。计量素养指用简单的数学概念处理日常生活中的问题的能力，它不仅包括对数量的处理能力，还包括推理、论证等能力。有的学者将统计素养定义为理解和批判性地评价统计结果的能力、为个人、专业及公共决策提供统计学考量的能力；也有学者认为统计素养包括基本的计算能力、统计知识和操作数学函数的能力。

4. 数据素养、信息素养和统计素养的关系

数据素养、信息素养、统计素养三者之间既有区别又有联系。数据素养更多表现在对数据的分析，挖掘其中的应用价值，其处理对象是当前大数据环境中的所有对象。信息素养偏重于通过一定的信息技术手段，从信息源中选取信息、评价信息以及应用信息的过程中体现出来的信息意识、知识与能力，其处理对象是信息，数据只是其中的一种，因此数据素养是大数据时代信息素养的延伸与发展。统计素养偏重于对数据的统计思维与统计方法的运用能力，与数据素养的处理对象不同，其处理对象一般只有数值型数据，而大数据环境下数据素养涉及的数据除了数值型数据，还包括大量的非数值型数据。

三、教师数据素养

在日常教学中教师经常会遇到教育大数据，教师需要拥有良好的数据素养，才能根据这些数据更好地了解学生和反思自身。随着数据素养与教育的整合，学者提出了教师数据素养这个新的概念。

不同的学者对教师数据素养提出了不同的观点，中小学教师也各自有各自的看法，有人认为教师数据素养是一种综合性的能力；有人认为教师数据素养是一种内在意识；还有人强调技术的应用，认为教师数据素养就是教师对教育数据的操作技能。表 1–1 中总结了专家、学者们关于数据素养的代表性观点，从中可以看出每个观点的不同关注点。

表 1-1　教师数据素养的代表性观点

作者 / 项目 / 机构	观　点
Michael & Susan Dell	教师数据素养是指教师收集、分析和解释各种类型的教育数据，并用其优化教学、确定教学方案、实现有效教学的能力
Data Quality Campaign	教师从政府、区域、校园、班级等途径，连续、有效、合理地获取、解释、使用和传递各种教育数据，并以此来提升学生学习效果的一种专业技能
Ellen Mandinach	教师数据素养的基础是研究不同来源的数据，而不仅仅局限于对学生成绩的关注。教育工作者必须收集学生的行为、态度、动机、健康和家庭环境等数据
MCC&ARCC	教师数据素养是将各种类型的信息转换成可操作的教学知识的能力
李青，任一姝	教师数据素养是一项复杂的专业能力，它既包括教师使用数据的相关知识，也包括教师通过数据驱动教学的能力，还包括教师的数据意识
阮士桂，郑燕林	教师数据素养包括两个方面的专业能力：一是数据处理的基本技能；二是通过数据分析来改进教学的能力

综合以上观点，教师数据素养的核心内涵为在实际教学情境中具备数据意识，能够使用合适的方法和途径收集、获取所需数据，并能对数据进行整理、分析和评价，最终将所得的结果应用于教学决策和交流。

问题二：教师数据素养的构成要素有哪些?

关于教师数据素养的构成要素，国内外的学者都提出了各自的观点和看法，笔者认为表 1–2 所示的内容比较完整。

表 1-2　教师数据素养构成要素

研究者	构成要素
张进良等	①数据意识； ②数据定位与采集； ③数据分析与解读； ④数据反思与决策；⑤数据伦理道德
隆茜	①数据意识； ②数据获取； ③数据处理与分析； ④数据交流； ⑤数据评估； ⑥数据道德

续表

研究者	构成要素
阮士桂等	①数据处理的基本能力，包括数据获取、数据分析、数据解读、数据交流； ②数据的教学应用能力，包括应用数据发现教学问题，应用数据进行教学决策，应用数据监控教学发展
Ellen Mandinach 等	①明确教学问题； ②使用数据（识别数据、了解数据属性和质量等）； ③将数据转化为信息（分析数据、检验假设等）； ④将信息转化为教学决策（制订教学计划、监控和诊断教学过程等）； ⑤教学结果的评估
美国数据质量运动	①从可访问的数据源中获取和收集数据； ②整合和分析不同类型的数据； ③了解和使用评估数据以外的其他类型的数据； ④明白如何使用不同类型的数据； ⑤参与到数据驱动和循环探究的教学过程中； ⑥运用数据调整教学策略； ⑦使用个体数据，开展个性化评估； ⑧促进学生理解数据； ⑨与合作者交流数据信息； ⑩使用数据指导教学实践
杰姆森等	①使用数据工具的能力（技术能力）； ②提出恰当的问题； ③分析和解释数据； ④将数据整合到课程、教学和评估中； ⑤围绕数据展开合作； ⑥结合数据进行教学决策

在以上各项要素中，虽然一些能力项的专业术语有所不同，但是含义和内容相近，通过归纳整理，可以把教师数据素养划分为九个维度，如表 1–3 所示。

表 1-3 教师数据素养维度划分

序号	维度	涉及的能力
1	数据基础知识	①识别数据； ②了解数据的属性和质量； ③明白如何使用不同类型的数据
2	数据工具的运用	数据工具的运用能力

续表

序号	维度	涉及的能力
3	数据获取能力	从可访问的数据源中获取和收集数据
4	数据处理能力	①整合和分析不同类型的数据； ②理解数据代表的含义； ③分析和解释数据
5	数据评估能力	①使用个体数据，开展个性化评估； ②开展教学结果评估
6	数据探究和交流能力	①根据数据提出恰当的问题； ②根据数据制订教学目标； ③形成假设； ④数据交流
7	数据驱动教学决策能力	①运用数据调整教学策略； ②根据数据信息制订教学计划； ③应用数据诊断，监控教学发展
8	数据意识	使用数据解决问题的意识
9	数据伦理	数据使用过程中的伦理和道德

按照教师专业能力发展水平，由低到高，可以将上述九种能力划分为知识技能层、教学实践层、教学探究层三个层次，最终构建出图 1–1 所示的“教师数据素养分层模型”，数据素养中的态度和意识贯穿于整个能力模型，它们是影响教师数据素养发展的重要因素，也是教师必须具备的基本数据素养。

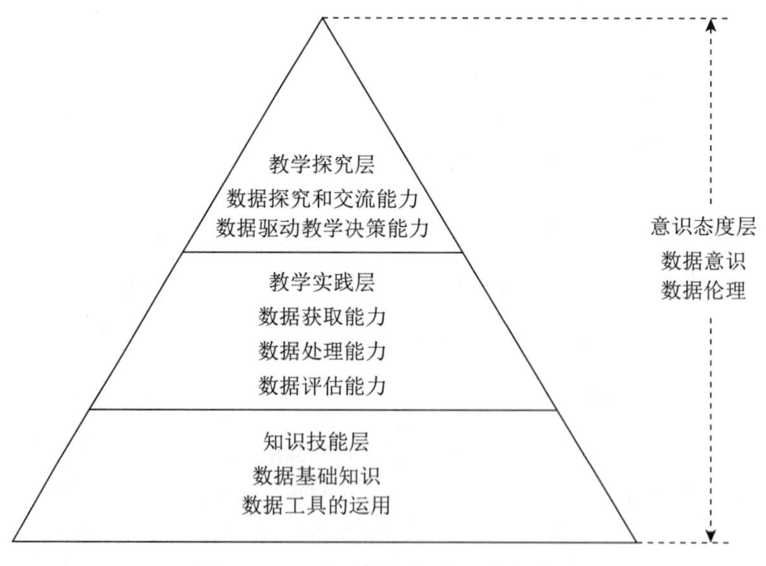

图 1–1　教师数据素养分层模型

一、知识技能层

知识技能层包括数据工具的运用和数据基础知识。教师使用的数据工具不仅有学生信息系统、教学管理系统等常见的教学管理平台，还包括课堂应答系统、作业练习软件和学习分析工具等教学应用平台。教师使用这些数据工具的能力应伴随其专业发展，在实践过程中逐渐提升。通过不断运用数据工具，在获取数据、转换数据中掌握技能。数据基础知识是教师运用数据辅助教学的前提。教师应能够理解教学数据的质量、类型和特性，建立多样化的数据和教学问题之间的关联；熟练掌握基本的可视化图表；具备基本的统计学常识，能够理解数据所表达的含义。

二、教学实践层

教学实践层是指教师在教学中对数据知识和技能的应用，即数据获取、数据处理以及数据评估的能力。数据获取能力包括制订有效的检索策略以及从可访问的数据源中获取和收集数据，或者根据所需数据的要求制订教学活动来收集数据的能力。数据处理能力是指教师使用合适的统计工具，应用一系列分析方法处理数据，从而将数据转化为对教学有帮助的可视化信息，以及从教学的角度解读各种数据、图表和报告，把数据和教学联系到一起的能力。数据评估能力是指对数据本身的评价和根据相关数据评价教学要素的能力。

三、教学探究层

教学探究层中的数据驱动教学决策能力主要指教师能够依据数据结果提出教学假设、制订教学目标和做出教学决策。同时具备教学批判和创新思维，能够利用数据持续改进教学策略、评估教学策略的可行性，基于数据制订短周期的教学计划，具备推论、统计能力等。教学探究和交流能力是教师专业技能中的高阶技能，是教师专业发展的核心能力，是关系到教师能否创造性地将教学理论应用到复杂多样的教学场景中以提升教学质量的关键。因此，在智慧学习环境中，教师之间的联系和合作也将更紧密。教师在使用数据进行研究时应具备合作探究能力，彼此之间能够建立协作关系，共同交流讨论，根据数据反映出的实际问题制订出合理的教学方案。

四、态度和意识

数据素养中的态度和意识贯穿于整个能力模型，是影响教师数据素养发展的重要因素，也是必须具备的基本数据素养。所谓数据意识，是要求教师具有敏锐的数据感知能力，并使用合乎规定的数据。作为数据驱动教学的重要组成部分，这项能力主要包括数据敏感、数据应用和数据信任度等。大数据时代，数据意识是教师利用数据优化教学的前提和动力，是一种扩展意识，是教师在进行与数据有关的活动时所产生的一系列感受，以及基于这种感受所形成的对于数据的觉知力。所谓数据道德，强调的是数据使用的合法性和道德伦理，确保使用者合法地获取数据，保护数据隐私安全，具有职业道德和责任感等。教师在数据应用过程中要遵守相关的法律、法规、数据提供方的规定以及一些约定俗成的规则；要尊重数据源，不得违规买卖任何数据，不能侵犯个人、单位、机构、社会、国家的数据隐私；要考虑数据的版权与许可因素；要具有数据道德责任意识，对不良、违法、违规的数据及使用行为进行监督和管理。

问题三：如何提升中小学教师的数据意识？

随着大数据时代的来临，数据的价值日益凸显，数据已经渗透到人类生活的每个角落，并被广泛应用到各个领域，成为社会发展不可或缺的重要支柱。教学离不开数据，数据的收集与分析能力是教学探究的有力抓手，对教育教学起着至关重要的作用。但是，当前部分教师的数据意识比较淡薄，亟待国内更多的教育管理部门、教育研究者、大数据技术专家和学校等共同关注、协同推进。

一、制订标准和制度

标准和制度是教师数据素养提升的前提。建议构建在岗教师数据能力及素养考核制度，并确定详细、可操作的评价标准；设置教师的数据素养资格认证机制，在教师的专业能力评测中加入数据素养的考评；制订不同学科、不同教育阶段的教师数据素养标准，为教师提升数据素养提供参考，促进教师数据素养的发展。

二、强化教师培训

教师培训是提升教师数据素养的有效途径之一。为促进教师数据素养的发展，加强中小学教师的数据素养培训，充分考虑教师的学科背景、兴趣爱好、科研习惯、思维方式和现有数据能力等因素，分类别、分级别对教师进行有针对性的培训。注重教师的数据分析能力与实践应用能力，不仅要重视大数据技术的培训，也要充分掌握数据分析和应用的系统化流程，以国家培训、省级培训和区域性培训相结合，建立完善的教师数据素养培训体系。

三、搭建信息化教学环境，为教师使用数据提供实践条件

搭建信息化教学环境，为教师采集和使用数据提供条件，联合企业等其他社会力量，大力研发教育大数据产品，为教师数据素养的发展提供良好的环境。

四、营造数据驱动教学氛围，鼓励理论与实践创新

组织开展与数据驱动教学相关的研讨会、成果交流会等活动，积极宣传数据驱动教学的成果及未来愿景，营造数据氛围；协调学校领导力、组织结构、培训师和教师团队等各方面的力量，积极建设校园数据文化。建议相关部门为教师数据素养的培养与培训提供必要的资金支持和政策支持，鼓励更多的中小学教师、研究者和企业等都参与到教师数据素养教育中来。

五、开展数据驱动教学专题研究，引领数据驱动教学持续深入发展

鉴于当前国内中小学教师的整体研究素养不高，建议增设教育科研方法与课题开展方面的专题培训，提高中小学教师的科研能力。此外，对于由中小学教师主持的数据驱动教学研究课题，学校或当地教研部门应当加强定期的课题指导，以增强课题团队的研究信心，保障课题顺利开展。

“互联网＋”时代，教育信息技术迅速普及，教学内容、教学活动、教学过程和教学评价开始全面数字化，在智慧学习环境中使用大数据能够有效地解决教学过程中的诸多问题。具备数据素养的教师能够利用教育平台上的数据解读学生的学习状态、学习偏好和认知特点，掌握学生学习进度，进而制订出满足学生需求的教学策略，还可以针对系统提供的信息对学生的学习效果进行有效的评价和反馈。同时，大数据支持的教学活动和教育管理已经成为教育改革关注的重点。数据使用和数据分析是提高办学质量的基础，以教师为主的教育工作者要充分利用教学数据了解学生的学习情况，满足他们的学习需求。政府和学校应从不同层面构建各种数据系统，为教师获取和使用数据创造良好的外部环境。

问题四：如何认识数据伦理?

一、数据伦理

伴随着信息科学的高速发展，人类社会已经迈入大数据时代，在大数据时代产生的海量数据已大大超越过去任何时代的数据量，这些海量数据对人类社会的各个领域产生了重大而深远的影响。与此同时，大数据发展不仅表现在技术维度，还体现在其衍生出来的社会现象，在这些现象中，关于个人隐私的问题尤为突出，隐私和伦理问题越来越被公众关注。

在大数据的环境中，个人的隐私越发受到入侵，我们的日常行为被转化为数字形式记录下来。由于大数据技术发展较为迅速，社会各方对其的管理方法和管理能力有限，往往

导致大数据在带来生活、生产便利的同时，也为“有心人”所用，从而引发负面作用。大数据时代个人隐私的泄露主要表现在两个方面：第一，公民个人的隐私被全面监控并收集，这其中包括个人身份数据、社交网络信息、银行流水信息、手机通讯信息和医疗记录信息等；第二，个人隐私被深度挖掘和预测。

人类社会对于个人隐私一直都秉持尊重和保护的原则，但是在新的技术背景下，传统的准则显然不适应了，新的技术能够在个体不知情的情况下轻而易举地获得个人的隐私信息。技术不是价值中性的，会产生伦理效应。然而，它究竟产生善还是恶，却取决于人对于这种伦理后果的自觉，取决于人的意志。大数据作为一种技术工具，其诞生并不是为了盗窃公民隐私。化解大数据应用中的隐私问题的关键是现代社会需要决定什么形式的数据收集是必要的，什么是不必要的，什么是对个人隐私的侵犯。因此，在这个问题上，不同主体都要付出自己的努力，真正实现技术为发展所用，科学为时代所用。

二、教育数据伦理

教育数据伦理是指教师对使用数据的合理性、安全性及隐私性保护的认知水平。教师在使用数据的过程中要遵守法律法规，要加强对学生个人隐私的保护，要关注数据安全问题。同时，数据在反映学生某些方面的表现时存在局限性，不能完全从数据表象分析学生的心理与行为，教师需要有清醒的认识，要从多方面综合衡量学生的表现。

由于教育大数据涉及庞大规模的受教育者与教育者群体。对于这些人群，特别是对于大量的未成年学生而言，保护其数据隐私至关重要。所以，应当从法律上明确和规范公共数据与私有数据的边界，有效地保护隐私数据。只有在来源清晰、责权明确、应用有序的前提下，才能有效地开展教育大数据研究、应用与共享。此外，学生时期是形成价值观、人生观和世界观的关键时期，学生对涉及数据伦理与隐私的认知和态度一旦形成，就很难改变。当前的学生在今后十几年甚至几十年将会成长为中流砥柱，教师引导和培养他们形成正确的数据隐私观、数据伦理理念，可以增强未来大数据有关隐私与伦理问题的规范化和法制化。广大的中小学教师势必成为未来保护学生数据隐私的主体，他们必须助力我国教育大数据伦理与隐私保护的立法进程，以规避今后在教育教学中可能面临的数据隐私或伦理等问题。

党的十九大报告指出，推动互联网、大数据、人工智能和实体经济深度融合是我们国家未来的发展方向。在科技、经济、社会日新月异的时代，我们要想走在世界的前列，具备较强的国际竞争力，就必须培养出专业的大数据人才，而专业大数据人才的早期培养尤为重要。作为教师，肩负人才培养的责任，必须具备基本的数据素养，能正确对待数据伦理与隐私问题，以适应信息时代快速发展的“互联网 +”与教育深度融合的大趋势。

拓展阅读

一、不随意暴露学生隐私

在网络媒体不算发达的时代，教师主要通过学生转达、手机短信等方式一对一地发布学生成绩，涉及的范围很小。班级群建立后，教师发布学生成绩和反馈班级情况更方便了，很多教师会不加选择地发布学生成绩和学生在学校的一些表现。殊不知，这样的频繁“轰炸”，会使家长的焦虑与日俱增，一些在学校表现不佳的学生的家长会失去信心，与教师沟通的积极性会越来越低，对学校的办学理念也容易产生误解，对班级发展的关注度和支持度也会削弱。除了学生成绩之外，教师也绝不可以利用微信群发布未经证实的信息，绝不能泄露涉及学生和家长隐私的信息，家长的反感很大程度上来自于信息安全得不到保障。

二、把握好“批评”和“表扬”的尺度

很多时候，班级群成了教师直接批评学生、发泄不满的窗口。经常把传统的“叫家长”变为在群里直接“@家长”了，长此以往，家长容易对教师产生抵触情绪。教师这样“居高临下”的工作作风，是不尊重家长、不懂沟通艺术的直接表现。当然，教师在群里的表扬同样也需要慎重，尤其不要只关注学生的学习成绩。教师在班级群里表扬优秀学生同样会给部分家长带来压力，增加他们的焦虑情绪。因此，教师在群里表扬面要广，批评要适度，沟通方法要多元。

三、警惕唯数据主义

大数据促使教师教学决策从“基于经验”向“数据驱动”转变，但与此同时，也可能滋生出唯数据主义的错误倾向。唯数据主义，即过度推崇数据在教师教学决策中的作用与价值，甚至认为数据是万能的，从而遮蔽了数据本身存在的一些桎梏，如片面性、欺骗性和依赖性。因此，在大数据时代，应从思想上辩证地审视大数据，既要充分认识大数据给教学带来的变革，也要警惕大数据的诸多弊端和风险。

本章内容小结

本章我们了解了信息素养、数据素养和统计素养的内涵及关系（知识检查点 1-1），了解了教师数据素养的内涵及构成要素（知识检查点 1-2、知识检查点 1-3），在了解教师数据素养的内涵和构成要素后，掌握了提升教师数据意识的路径（能力里程碑 1-1）。

本章内容的思维导图如图 1-2 所示。

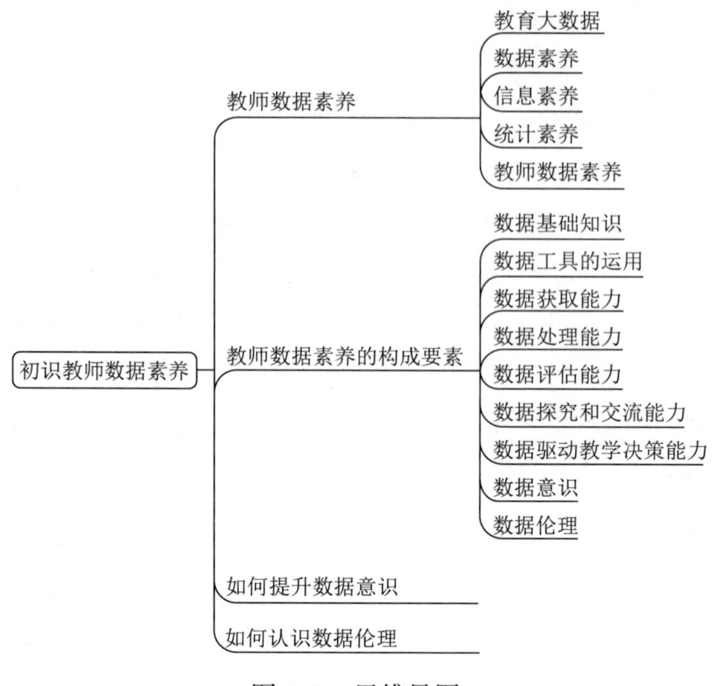

图 1-2　思维导图

自主活动：教师数据素养的构成要素有哪些

请学习者在学习完本章内容后，进行自我反思，并记录个人学习心得。

小组活动：如何提升数据意识

请学习者围绕本章的学习主题进行组内交流，并做好小组学习记录。

评价活动：评价本章知识与能力学习水平

一、名词解释

1. 教育大数据（知识检查点 1-1）
2. 信息素养（知识检查点 1-1）

二、简述题

1. 学完本章内容后，请说一说你理解的教师数据素养（知识检查点 1-2）。
2. 简述教师数据素养的九个维度（知识检查点 1-3）。

三、实践项目

1. 结合自身教学情况，在小组内分享自己将如何提升数据意识（能力里程碑 1-1）。

第二章　教师数据素养的功用

本章学习目标

在本章的学习中，要努力达到如下目标：

◆ 了解什么是基于数据的教学思维（知识检查点 2-1）。

◆ 掌握基于数据的教学实践体现在哪些方面（能力里程碑 2-1）。

◆ 掌握基于数据的教学交流体现在哪些方面（能力里程碑 2-2）。

本章核心问题

基于数据的教学实践体现在哪些方面？基于数据的教学交流体现在哪些方面？

本章内容结构

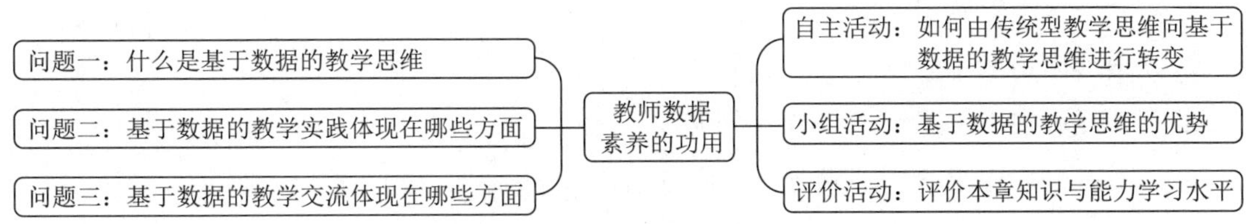

引　言

当今是“一切皆可量化”的大数据时代，教师教与学生学的过程可以通过数据真实地表现出来。毫无疑问，提高教师数据素养是教师应用数据改进教学的根本前提。提高教师数据素养不仅是教师专业发展新增的能力要求，还有利于形成基于数据的教学思维，促进教师教学思维的转变；有利于加强基于数据的教学实践，促进教学的持续改进；有利于增进教师基于数据的教学交流，促进教育利益相关者的互动沟通；有利于优化基于数据的技术整合，促进教育信息化质的提升。

问题一：什么是基于数据的教学思维？

什么是教学思维？教育是培养人、塑造人的活动，而教学思维是教师在长期的教学活动中逐步形成的，存在于教师认知系统中的思维，是教师对教学现象、教学本质等问题的认知和理解方式，是认识教学、实践教学和反思教学的根本基础，它直接影响和支配着教学实践行为，与教育教学的发展密切相关。

在传统教育中，教师往往根据经验或直觉理解和解决教学问题，而具有良好数据素养的教师则会结合实际数据考察教学，检验所实施教学策略的有效性，并更有把握地做出教学决策。

以某学生一次期末考试的数学成绩为例。这位同学得了 84 分，所在班级平均分为 73.96 分，所在年级平均分为 74.96 分，这位同学超出年级平均分 9.04 分。

如果对这位同学本次数学考试的得分情况进行统计，并结合年级中同一层次学生的得分情况进行深入的分析，不难统计出他各知识点的得分情况，如图 2-1 所示。

通过对各试题考查的知识点的分析，可以发现这位同学对以下知识点的掌握明显高于同层次的其他同学：

1. 平方根概念
2. 多边形外角和
3. 平面直角坐标系
4. 用样本估计总体
5. 对新定义的理解（数与式）

但是这位同学对以下知识点的掌握不够扎实，需要加强对这些知识的理解和掌握：

1. 一元一次不等式组（满分 3 分失 3 分）
2. 三角形内角和（满分 7 分失 5 分）
3. 解一元一次不等式组（满分 6 分失 4 分）
4. 二元一次方程组应用（满分 9 分失 3 分）
5. 一元一次不等式应用（满分 4 分失 1 分）

图 2-2 是学科能力得分情况统计图，从图中可以发现这位同学的几何直观能力较强，高于同层次学生；而其分析和解决问题能力、运算能力稍弱，需要加强。（注：“几何直观能力”是依托、利用图形进行数学的思考和想象，本质上是一种通过图形所展开的想象能力。）

通过以上的统计与分析，教师不仅能够指出这位同学的优势，也能够结合本次考试数据，清晰地指出这位同学在哪些知识点和能力上需要进一步加强，为后期学习提供精准建议。由此可以看出，基于数据的评价更精准，也更具有说服性。基于数据的教学思维具体表现为：第一，具有基于数据的教学思维的教师不再依靠直觉和经验，而是以科学、客观和全面的视角理解教学。在大数据时代下，教师教学中的数据不再局限于学生的考试成绩，而是涵盖了越来越多的学生个体信息和学生学习过程等数据，这些数据内容更多元、依据更充分，跨度更广泛，所具有的相关性、充分性和真实性，可为教师理解教与学和改善教学实践提供更客观、可靠的依据，使教师能立足于科学实证的视角审视教育教学实践，促进基于数据的教学思维的变革发展；第二，具有基于数据的教学思维的教师能够应用数据分析的预测性，理解数据本身的动态生成性，从而在教学中做出相应的调整措施，以获得教学的持续改进。

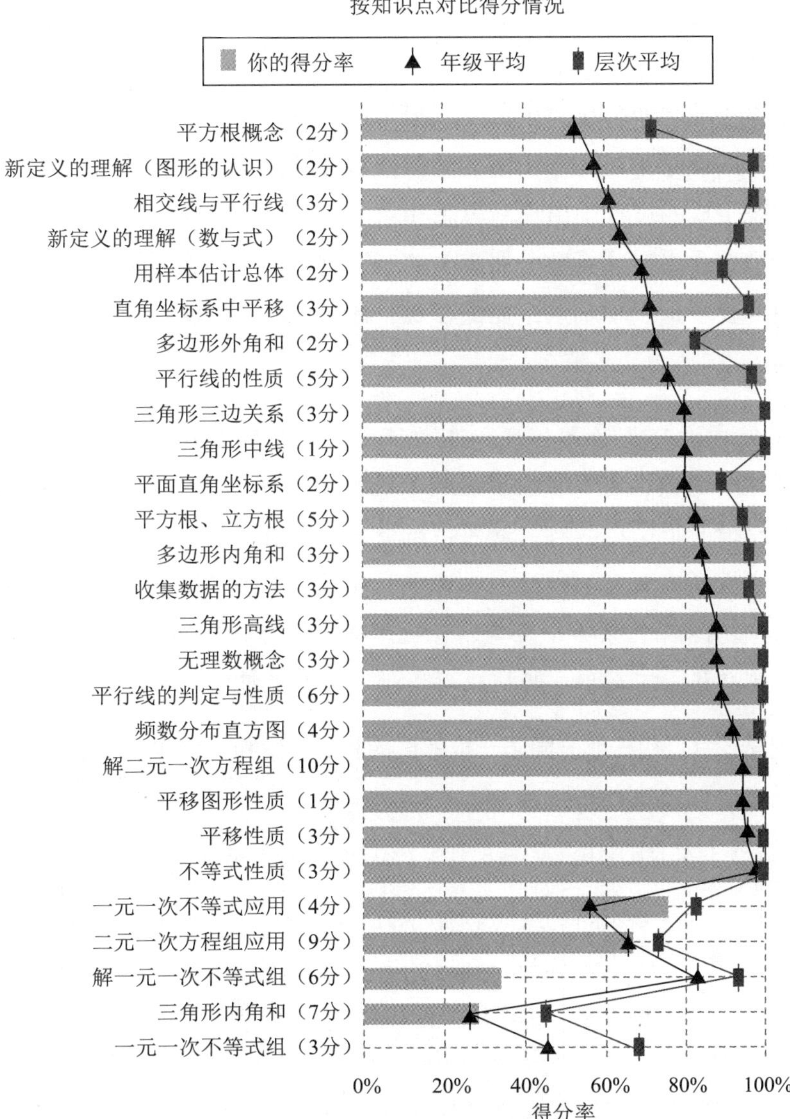

图 2-1　各知识点得分情况

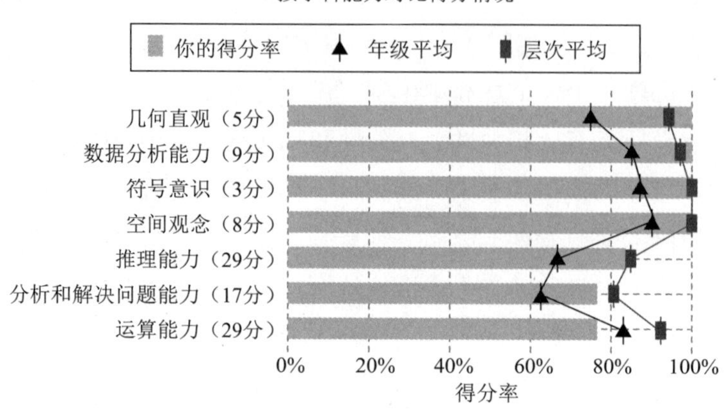

图 2–2　学科能力得分情况

著名教育家本杰明·布鲁姆（Benjamin Bloom）说过："人们无法预料教学所产生成果的全部范围，现今的课堂正显现出由刚性向弹性转变的趋势，更关注过程与体验中即时生成的东西。在动态生成的过程中出现新思想和新创意。"

例如，在初中数学讲授《频数分布表》这节课之前，可以通过课前测试的数据结果了解学生情况，明确教学重点和难点，提供客观、准确的教学建议。

课前探究活动

2018 年，北京中考分为必考科目和选考科目。必考科目为语文、数学、外语，选考科目为历史、地理、思想品德、物理、生物（化学）。小华在 2018 年是初二学生，他想在物理和生物（化学）中选择一科。初三一模考试结束后，小华收集了本届初三部分同学一模考试的物理、生物（化学）成绩，如表 2-1 所示，希望通过分析这些数据作为自己选科的参考。（注：2018 年北京市中考生物、化学两个科目为同一张试卷。）

你能帮助小华分析以下数据，为他选科提供参考意见吗？

表 2-1　初三部分同学一模考试的物理、生物（化学）成绩

学科	学生成绩																			
	1	2	3	4	5	6	7	8	9	10	11	12	13	14	15	16	17	18	19	20
物理	25	58	76	63	67	60	73	83	85	77	82	86	94	79	74	69	68	55	75	70
生物（化学）	34	61	77	54	65	62	67	70	84	79.5	86	55	91	75	73	66	63	55	75	72

学情分析：考查学生对统计的含义和作用的理解，了解学生能否选用合适的统计量进行分析。

典型的答案如图 2–3 所示。

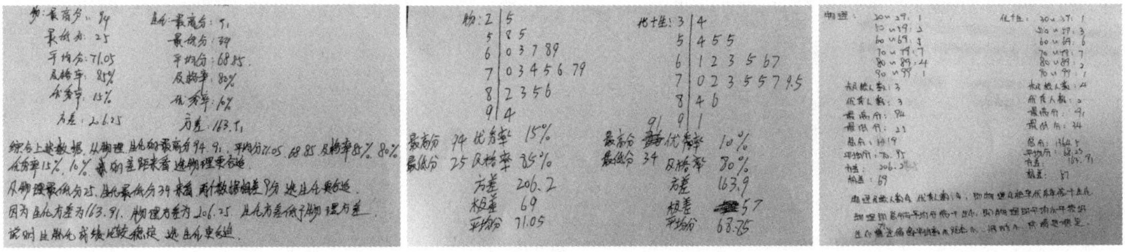

图 2–3 学生典型答案

统计结果如图 2–4 所示。从中可以看出，所有学生都能从最高分、最低分、及格率、优秀率和平均分去分析成绩，83.33% 的同学计算了及格人数和优秀人数，符合日常认知。但仅有 37.50% 的同学计算了众数和中位数，说明学生对利用这两个统计量分析数据的集中趋势不熟悉，关注度不够。83.33% 的学生想到可以通过计算方差去比较数据的波动大小，62.50% 的学生同时计算了极差。在整理数据时，有 25% 的学生对数据按分数段进行了整理。经过访谈，发现其中 3 名学生整理的目的是为了更方便地统计及格人数和优秀人数，2 名同学提出可以将两组成绩按分数段进行比较。针对这些问题，教师认为学生对统计的认识更多还停留在对统计量的计算和比较上，缺乏对统计含义和作用的理解。因此，本节课应重点加强学生对数据分组整理及画频数分布表的认识，加强对频数分布表的含义和作用的理解。

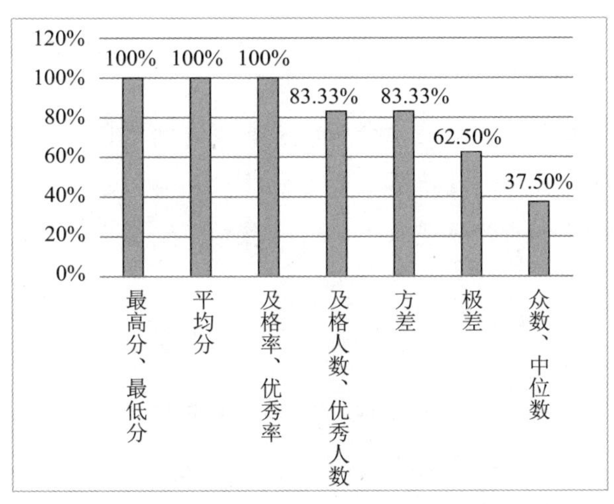

图 2–4 学生答案统计结果

根据课前对 5 名学生的测试数据可知，他们都能够对数据进行合理分组，保证不重复、不遗漏；同时根据上届学生的考试数据，得出在画频数分布表的过程中，大部分学生都能够进行合理分组，但是“划记”时易出现错误。然而在实际授课过程中，根据课堂中各小组提交的小组活动表发现，多数小组在对数据进行分组时出现错误，不能根据数据连续性的特点进行合理分组，而在划记部分没有出现问题。这与教师经验和前期测试数据不符合，此时就需要教师及时根据学生实际掌握情况调整教学进程。

提高教师的数据素养，能够使教师应用数据分析的预测性，理解数据自身的动态生成性，充分促进预成性思维与生成性思维的优势互补，不再依靠直觉和经验，而是以更科学、客观和全面的视角理解教学。

拓展阅读：高效互动课堂

高效互动课堂是指在大数据技术和信息化教学媒体的支持下，以促进师生全向互动为抓手，以“低耗高效、轻负高质”为目标，为每位学生带来最大获得感的课堂形态。“高效”是指在有限的课堂教学时间内，最大程度地提高教学目标达成率；“互动”则是指课堂教学中师生、生生之间及师生与教学内容和教学媒体之间的全向互动。高效互动课堂的特征主要表现为以下四个方面。

1. 全向互动

高效互动课堂借助多样的技术手段量化师生的教学行为，帮助教师优化教学计划，增强学生的课堂参与度和积极性。电子书包、交互式电子白板、平板电脑、点阵笔等设备为课堂互动提供了现实环境，实现了人与人、人与设备和人与资源的多维全向互动，使课堂教学迸发出新的活力。

2. 数据把脉

高效互动课堂利用大数据技术持续分析课堂数据，为教师及时了解学生情况、调整教学计划提供了数据支持。教师通过传感器和智能终端同步记录学生的学习路径，追踪他们的学习过程，全面掌握学生的学习现状，实时为教学“把脉”，从而对症下药地解决教学中的问题。

3. 精准反馈

高效互动课堂立足教学过程，通过分析教学数据掌握学生的不同需求。不仅能帮助教师实时捕捉有价值的信息，根据学生出现的学习问题及时进行干预，优化教学内容与教学方法，还能帮助学生进一步巩固、深化和运用所学知识。

4. 轻负高质

丰富的媒体支持、高效的互动体验与精准的学情分析，促使教师在最短的时间内尽可能高质量地完成教学任务。教师在有限的课堂教学时间内，既能保证课堂教学有足够的信息量，又能聚焦班级存在的共性问题和学生的个性问题，帮助学生及时查漏补缺，布置少而精的学业任务，真正实现高效教学。

问题二：基于数据的教学实践体现在哪些方面?

数据驱动教学，分析变革教育。基于数据的教学实践充分发掘和应用数据的教育价值，不断引导教学改进。具体体现在个性化学习的发展，教育评价的完善和教学范式的变革。

一、个性化学习的发展

个性化学习是一种以学生的个性差异为基础，以促进学生的个性化发展为目标的学习范式。基于数据的教学实践对个性化学习的促进作用体现在能够定制个性化的学习内容，确定个性化的学习方式，优化个性化的教育决策，完善个性化的学习评估以及提供个性化的学习反馈等几个方面。

1. 定制个性化的学习内容

在传统的教育模式中，教学目标和教学重难点是依据学生的整体水平确定的，而教学数据的使用能够帮助教师发现学生的优势及问题所在，根据学生情况设定个性化的学习目标，为学生选择和定制个性化的学习内容，帮助学生检查自身的学习效果。

2. 确定个性化的学习方式

个性化学习得以实现的前提是拥有大量不同类型的数据，通过对不同类型数据的分析，教师可以全面跟踪和掌握学生的特点、学习进度与学习行为，分析每个学生的学习需求。通过数据分析结果，教师还能预测学生的学业成绩，发现学生的不良学习行为及影响学生个性化学习的因素，也能鉴别出在学习上需要帮助的学生，从而对学生的个性化学习进行及时的干预，并做出有效的指导。

3. 优化个性化的教育决策

在传统的教育模式中，课程主要由学校决定，教师可以根据需要自行调整教学内容。教学数据的使用，改变了教师在教育决策中的地位。通过数据分析，可以帮助教育管理者对教育需求进行全面分析，制订出科学的教育决策。教育管理者可以充分了解整个教育系统的特征，对教育发展的进程进行综合评估，从而做出科学的教育决策。

4. 完善个性化的学习评估

在传统的教育模式中，教师、辅导员或管理者基于经验对学生进行评估，所获取的数据通常是片面和短暂的。教师虽然能够洞察到每位学生的优势和不足，但这些数据无法量化，也不容易进行快速分析。因此，仅凭教师自身做出的学习评估是不全面的。基于日常的学习所获取的海量数据，借助于大数据的相关分析技术能够为教育者提供更加准确的实时数据。基于实时数据，不仅教育工作者可以参与学习分析与评估，非教育工作者也能参与学生的评估过程，从而完善个性化的评估方式，助力学生实现个性化学习。

5. 提供个性化的学习反馈

在传统教育中，教师通常基于学生的考试成绩和课堂测试成绩来调整自己的教学计划，这种测试在某种程度上缺乏针对性。通过对数据的分析，可以实时追踪每一位学生的学习进度，监测学生的学习状况，从而给出个性化的学习反馈。

二、教育评价的完善

教育评价正在从经验主义走向数据主义，从宏观群体评价走向微观个体评价，从单一评价走向综合评价。

过去的评价方法比较简单和有限，主要用于选拔和甄别；现在基于数据，可以尽可能地发挥评价的价值，从而对学生各个方面的发展进行更精准的指导。

过去受方法、计算、储存等技术限制，只能用抽样的方法，选取有代表性的样本进行评价；现在使用新的技术，可以面对所有学生，用整体取样的方法进行评价，对每位学生进行个性化的评价、指导。

过去在评价中只能收集比较简单的文本数据或图片数据；现在可以搜集大量的、丰富的多模态信息，并能对这些信息进行智能化的分析、处理。

过去的评价大多在一些特定的时段和特定的场所，按特定的要求进行；现在智能化的评价具备伴随性和隐形性的特点，可以嵌入学生的日常行为和学习中，评价结果具有真实性和客观性。

过去的评价分析成本很高，还存在反馈和指导延迟的问题；现在利用各种先进的平台，在大大降低分析成本的同时，还可以做到及时反馈和指导，并能实现有针对性地个性化推送。

所有这些新趋势、新变化都是在一系列新技术发展、整合的条件下实现的，随着应用和研究的深入，教育评价会越来越完善。

例如，在进行教育评价时，可以借助信息化平台生成详尽的学科成绩分析报告，如表2–2所示，教师可以从详尽的报告中，了解每一位学生在知识点和能力上的问题和优势。

表 2-2 成绩分析报告

小题编号	题型	满分	你的作答情况	年级最高分	年级平均分	年级得分率	考查的知识点	考查的能力
1（1）	客观题	2	√	2	1.88	93.83%	字音、笔顺	1. 识记能力
1（2）	客观题	2	√	2	1.65	82.72%	字形、词义	2. 理解能力
2（1）	填空题	1	√	1	1.00	100.00%	信息提取	4. 信息筛选能力
2（2）①	填空题	1	√	1	0.98	97.53%	概括要点	4. 信息筛选能力
2（2）②	填空题	1	√	1	0.98	98.15%	概括要点	4. 信息筛选能力
3（1）	填空题	2	√	2	1.17	58.64%	修辞手法	3. 运用能力
3（2）	填空题	2	√	2	1.86	93.21%	作家作品	2. 理解能力
4 ①	填空题	1	0	1	0.90	89.51%	情节内容	1. 识记能力
4 ②	填空题	1	0	1	0.77	76.54%	情节内容	1. 识记能力
4 ③	填空题	2	√	2	1.75	87.65%	形象分析	7. 形成解释能力
5	填空题	1	√	1	0.95	95.06%	古诗文默写（古诗词阅读）	1. 识记能力
6	填空题	2	√	2	1.96	97.84%	古诗文默写（古诗词阅读）	2. 理解能力
7 ①	填空题	1	√	1	0.98	98.15%	古诗文默写（古诗文默写）	2. 理解能力
7 ②	填空题	1	√	1	0.99	99.38%	古诗文默写（古诗文默写）	2. 理解能力
7 ③	填空题	1	√	1	0.88	87.65%	古诗文默写（古诗文默写）	2. 理解能力
8 ①	填空题	1	√	1	0.98	97.53%	外貌描写	8. 鉴赏评价能力
8 ②	填空题	1	0	1	0.94	93.83%	外貌描写	8. 鉴赏评价能力
9	简答题	2	√	2	1.92	95.99%	诗歌阅读体验	8. 鉴赏评价能力
10 ①	填空题	1	√	1	0.66	66.05%	古诗文默写（诗词赏析）	1. 识记能力
10 ②	填空题	1	√	1	0.94	94.44%	古诗文默写（诗词赏析）	1. 识记能力
11（1）	主观选择题	1	√	1	0.95	95.06%	文言句意理解	5. 整体感知能力

续表

小题编号	题型	满分	你的作答情况	年级最高分	年级平均分	年级得分率	考查的知识点	考查的能力
11（2）	主观选择题	1	√	1	0.78	78.40%	文言句意理解	5. 整体感知能力
12	客观题	2	0/B	2	1.91	95.68%	文言词句理解	7. 形成解释能力
13 ①	简答题	2	√	2	1.59	79.63%	文意理解	6. 概括要点能力
13 ②	简答题	2	√	2	1.56	78.09%	文意理解	6. 概括要点能力
14	简答题	3	√	3	2.58	86.01%	名著内容	7. 形成解释能力
15	简答题	3	√	3	2.90	96.50%	名著阅读方法	7. 形成解释能力
16	简答题	2	1	2	1.73	86.73%	理解标题含义	5. 整体感知能力
17	简答题	2	√	2	1.96	98.15%	谦辞与敬辞的运用	3. 运用能力
18	简答题	3	√	3	2.83	94.44%	品味语句含义	7. 形成解释能力
19	选择题	2	√	2	2.00	100.00%	中心主旨的理解	9. 探究能力
20 ①	填空题	1	√	1	0.97	96.91%	信息提取与概括	6. 概括要点能力
20 ②	填空题	1	√	1	0.77	76.54%	信息提取与概括	4. 筛选信息能力
20 ③	填空题	1	√	1	0.98	97.53%	信息提取与概括	6. 概括要点能力
20 ④	填空题	1	√	1	0.97	96.91%	信息提取与概括	4. 筛选信息能力
21（1）	简答题	1	√	1	0.98	97.53%	提出问题	9. 探究能力
21（2）	简答题	2	1	2	1.79	89.51%	说明意图	7. 形成解释能力
22	简答题	3	2	3	2.48	82.72%	拓展与比较	9. 探究能力
23-1	写作	40	30	38	34.18	85.44%	语言运用	10. 写作表达能力
23-2	写作	40		35.5	33.04	82.60%	语言运用	10. 写作表达能力

除了能够得到每一位学生详尽的成绩分析报告外，还能够从学科均衡性角度分析学生的成绩，进行更加精准的评价。通常考试成绩的评价主要集中在年级或者班级的一分两率

（平均分、及格率和优秀率）。例如，对浅层次、宏观群体的评价层面上，而具备数据素养的教师能够借助数据，分析学生的科目均衡性发展，某学生各学科成绩均衡性分析如图 2-5 所示。

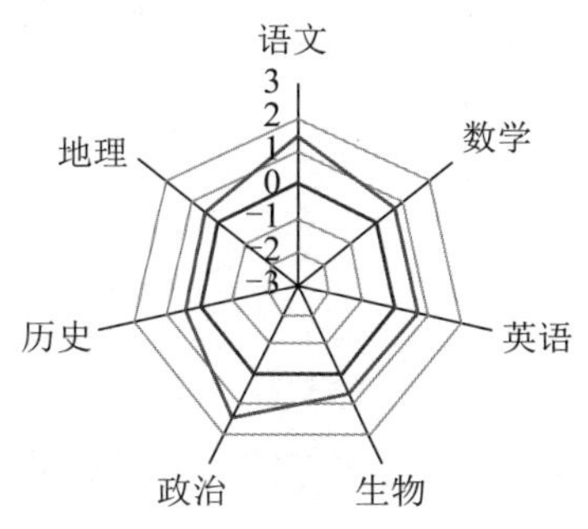

图 2-5 学科成绩均衡性分析图

除此之外，还能获得班级整体数据，对总体学生进行更加精准的评价，如图 2-6 所示。

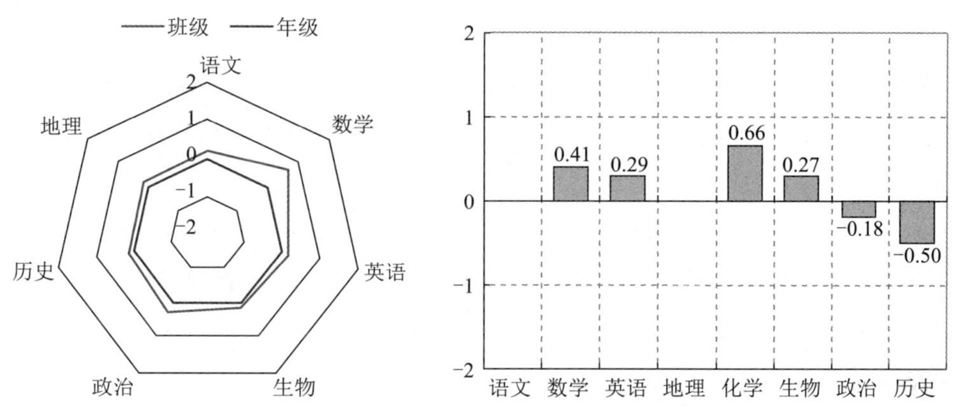

图 2-6 班级学科均衡图与年级学科均衡图对比

三、教学范式的变革

人类正从 IT 时代走向 DT 时代，大数据作为改变世界的新型科技力量，正在迅速融入各行各业。作为传统技术最难“攻克”的行业之一，教育在大数据技术与理念的冲击下也已经进入了变革高速公路“匝道”。随着国家教育信息化战略的持续推进，各级各类学校的信息化环境得到快速完善，各种学习平台、移动 APP、数字终端、可穿戴设备等新技术开始在中小学逐步流行。数字技术的常态化应用以及数字化学习活动的日常开展，为教育大数据的生成提供了得天独厚的条件。随着教育数据的持续累积与深度挖掘，教育大数据在构建新型教学生态、助力教学结构变革和改变教学模式方面的作用日益凸显，一场由经验模仿教学、计算机辅助教学转向数据驱动教学的模式变革正在发生，教学范式的变革过程如图 2-7 所示。

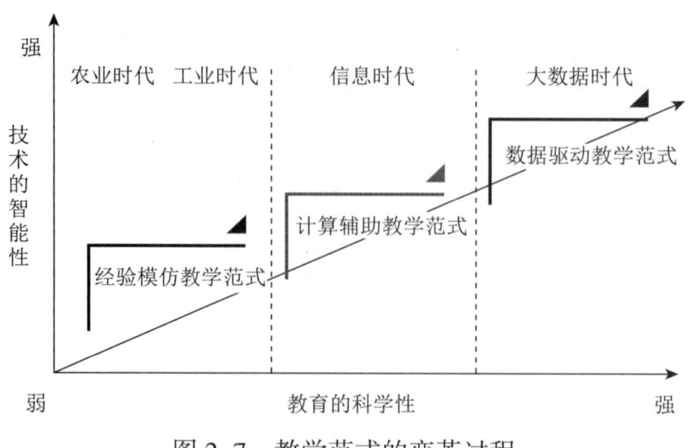

图 2–7　教学范式的变革过程

拓展阅读

一、经验模仿教学范式

经验模仿教学范式是教学史上最古老的教学范式，它起源于希腊教学理念中的“模仿—再现”思想，盛行于农业和工业时代，其核心是将教学视为知识与经验的传递，该阶段的教学着重强调经验的模仿和知识的授受。

17 世纪捷克教育学家夸美纽斯提出“班级教学”的概念之后，班级授课制得到教育界的广泛认同，迅速成为当时乃至今日最普遍的教学形态。经验模仿教学也随之快速传播，成为教育界最有影响力的教学范式。

在经验模仿教学范式下，教学者在整体的教学结构中占据绝对的主导地位，学习者大多扮演被动接受者的角色，教学内容以教材知识、已有经验和技能为主，教学媒介限于纸笔、教材、黑板和粉笔等传统教学工具。

农业时代，经验模仿教学被视为知识传承的主要方式，人们对经验积累下的已有知识成果进行学习，长者或经验丰富的人扮演“教学者”的角色，将经验与知识授予学习者，学习者通过观察和耳濡目染来获取知识。

随着工业社会的到来，为了满足社会生产的现实需求，以知识传递和接受效率见长的经验模仿教学开始在学校教育环境下快速普及。学校培养的人才批量、规模化投入到社会生产劳动中，推动了该时期经济和社会的发展，提高了社会生产力。但同时经验性的、客观存在的知识被过度崇拜，深刻影响了人类的知识观和教育观。人们认为知识类似于客观存在的地下矿物，而教学者的职责就是探测并获取这些矿物，学习者则负责接收和存储已经被教学者获取的矿物，这种观念忽视了知识背后的科学发现过程，在一定程度上阻碍了科学的发展。

经验模仿教学偏爱行为主义学习理论，在该理论的影响下，教学中往往过于注重学习者外显行为的习得，而忽视了学习者养成健全人格所必需的实践活动和心理活动，培养的人才缺乏基本的探索和创新能力，知“鱼”而不懂如何“渔”。

经验模仿教学范式是传统教学中的重要范式，也是教学范式发展的重要阶段。尽管该范式存在明显的弊端，为教育事业的创新发展带来了诸多问题，但其对人类社会的贡献不容忽视。

在当前的信息时代，经验模仿教学范式依然存在，但其主导地位正在被计算辅助教学和数据驱动教学逐步取代。

二、计算辅助教学范式

随着信息技术的发展与人们教育观念的转变，计算辅助教学范式逐渐形成并流行起来。该范式希望借助技术的力量解决经验模仿教学中存在的内容来源单一、呈现方式单调、学习者兴趣不足等弊端，进而提高教育教学质量。技术的介入是计算辅助教学范式最大的特征，互联网等各种新兴技术与媒体的应用使得知识的产生和传输速度持续飙升。教学内容不仅限于传统的教材，延伸至广阔的互联网。教学内容的形态也逐步多样化，音频、视频、图片和动画等资源开始在教学中广泛应用。教学媒体也变得丰富起来，由传统的教学“老三样”（黑板、粉笔、教材）演变为“新四样”（电脑、网络、白板、多媒体课件）。

计算辅助教学是一场由技术引发的教学范式变革。在这一范式下，尽管以教师与知识为中心的课堂教学结构，以及学习者在整个教学过程中被动接受知识的地位未得到显著性改变，但相比经验模仿教学范式，学习者开始体验和参与知识发现与探究的过程。在技术的支持下，该阶段的教学模式开始从讲授式教学转向探究式教学和项目式教学，其代表性教学模式主要包括 WebQuest 教学、适时教学（Just-in-Time Teaching，JiTT）、研究性教学、项目式教学、基于问题的教学和基于资源的教学等。

在数据驱动教学范式下，教学者和学习者在使用教学媒介的同时，各种行为数据均可以用数字化的形式存储下来，教学内容以文字、图片、声音和视频等形式在多种教学媒介中呈现。借助教育数据挖掘与分析技术，可以将课堂环境与网络环境中生成的教学数据“翻译”成有价值的信息，如学困生的识别、知识缺陷的发现、学科能力的诊断、教学目标的达成度等，进而为教师自身能力提升和职业发展，为教师的教学决策（调整教学方案、改进评价方法、选择教学资源等）以及学生的学习决策（制订学习计划、定制学习资源、选择学习路径等）提供更准确、更及时、更全面的支持，如图 2-8 所示。

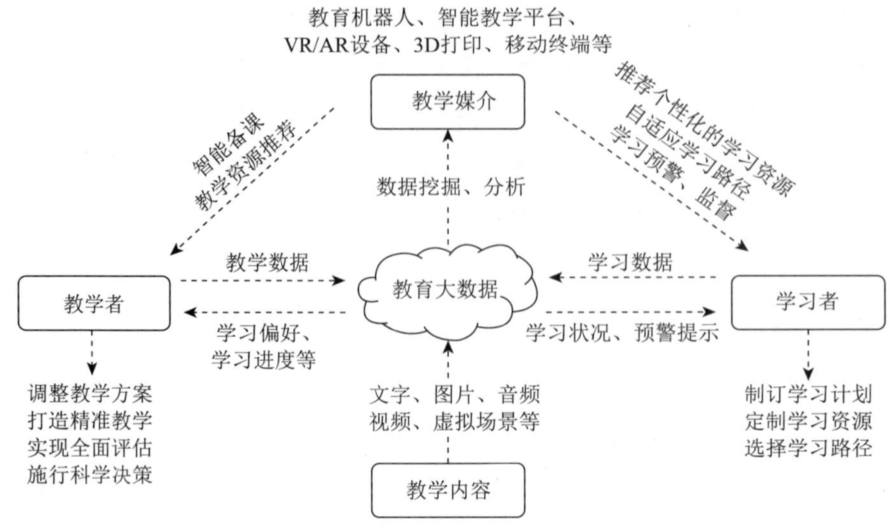

图 2-8 数据驱动教学范式框架

问题三：基于数据的教学交流体现在哪些方面?

在教育领域中，数据承载着教育教学发展的过程，它是教师、学生、家长和政府等教育利益相关者之间沟通交流的共同语言，能够帮助每一位教育利益相关者更好地理解学生和学校的发展。教师作为整个教育系统的活动中枢，在应用数据进行教学交流上责无旁贷。

数据交流就是使用数据与教学利益相关者对教学相关主题进行交流，这种交流主要包括以下三个方面。

一、与学生和家长交流

一方面，教师要能够使用数据向学生反馈其学习进展、学习水平等信息，让学生对自己的学习状态有客观、全面的理解和认识，以便开展下一步学习计划；另一方面，教师要用数据来对学生的学习情况进行专业判断，以合理的方式与家长进行交流，并建议家长根据数据所反映出的信息对学生进行有针对性的家庭教育。例如，当学生学习状态出现异常、学习成绩下滑的时候，教师与学生、家长可以结合数据就原因及改进措施进行沟通，一目了然地让家长和学生明白问题所在，达到有效沟通的目的。

二、与同事和领导交流

教师要能够使用数据形成自己的教学日志或报告，以反映自己的教学过程、效果和经验。一方面，教师要能够使用数据与同事进行交流，促进教师间的有效协作和互相学习；另一方面，也能够使领导更清楚地了解教师的工作现状。

教师数据素养的提升有助于教师之间的有效协作。例如：班主任可以借助科目均衡图分析班级优势科目与劣势科目，找出问题所在，如图 2–9 所示，内环为年级各学科成绩均衡图，外环为班级各学科成绩均衡图，通过比较可以明显地看出数学学科为本班优势科目，而历史和生物学科为本班弱势科目。因此，班主任需要与历史和生物学科的教师加强沟通，找准问题，提供帮助并共同制订教学质量提升计划。

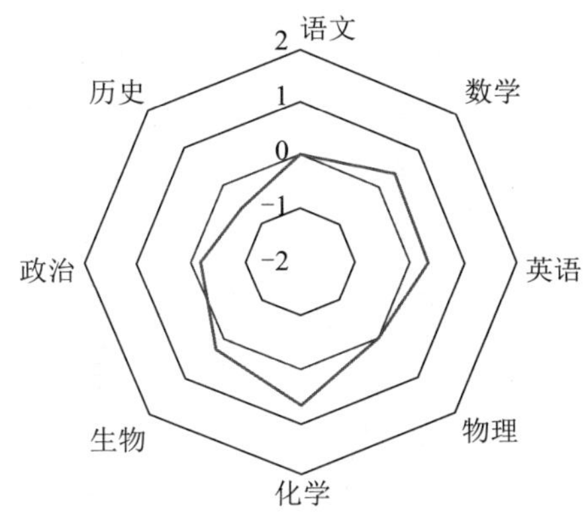

图 2–9　班级科目均衡图与年级科目均衡图对比

三、与自身交流

教师使用数据形成教学与反思报告，可以有效避免教学中的模板式与主观式总结、反思。

例如，考试结束后，借助阅卷分析系统，教师可以对学生的答题情况进行统计，并基于数据对自身的教学进行反思。

具备一定数据素养的教师能够使用数据与自身交流，甚至像新闻记者那样通过数据为广大教育利益相关者传播信息，使教育利益相关者能够更容易、更真实地理解教学、发现教学问题，做出教育决策，从而推进整个教育系统的持续改善。

当前基础数据系统虽然已经建设完善，却未能产生所预期的价值。我国高度重视教育信息化的发展，在平台建设与数据连通上投入了大量的人力、财力和物力，但各级各类教育系统的数据实现连通之后，在应用这些数据改进教育、促进学生发展方面仍面临挑战。许多学校和教师都意识到了教育大数据的重要性，但对于教育大数据的应用却并不清楚，因此产生了数据采集缺乏全面性、数据分析缺乏针对性、结果应用缺乏有效性等问题。近年来，可汗学院、MOOC、电子教材以及以“数据分析—特征发现—智能干预”为特征的其他教学模式的探索与实施，都是数据驱动教学的范例，这也是“互联网+”时代学校实现规模化和个性化教育的必然选择，更是促进教育发展的关键。

具备一定数据素养的教师除了能够改变教学思维、促进教学持续改进和加强与教育利益相关者的互动沟通之外，还能够通过对课前、课中以及课后的教学数据的采集与深度挖掘，促进教学与技术的有效整合，提升教育信息化的发展质量。

本章内容小结

本章学习了什么是基于数据的教学思维（知识检查点 2-1），基于数据的教学实践体现在哪几个方面（能力里程碑 2-1），认识了基于数据的教学交流体现在哪些方面（能力里程碑 2-2）。

本章内容的思维导图如图 2-10 所示。

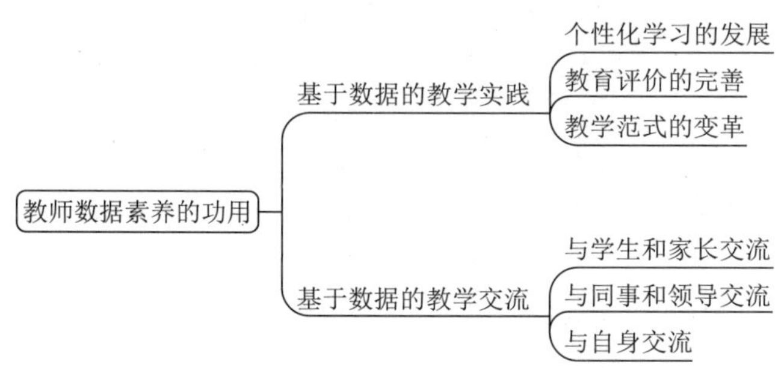

图 2-10　思维导图

自主活动：如何由传统型教学思维向基于数据的教学思维进行转变

请学习者在学习完本章内容后，进行自我反思，并记录个人学习心得。

小组活动：讨论基于数据的教学思维的优势

请学习者围绕本章的学习主题进行组内交流，并做好小组学习记录。

评价活动：评价本章知识与能力学习水平

一、名词解释

教学思维（知识检查点 2-1）

二、简述题

1. 简述教学范式的发展变革所经历的过程（能力里程碑 2-1）。

2. 基于数据的教学交流体现在哪几个方面（能力里程碑 2-2）？

三、实践项目

请你结合自身的教学工作，回顾是否基于数据开展教学实践以及借助数据进行教学交流？请你书写一个文档，罗列你在开展教学实践以及进行教学交流过程中遇到的问题，思考基于数据的教学思维是否能够帮助你解决上述问题，并尝试写出解决方案（能力里程碑2-1、能力里程碑2-2）。

第三章　中小学教师数据素养发展策略

本章学习目标

在本章的学习中，要努力达到如下目标：

- ◆ 了解促进中小学教师数据素养发展的政策环境（知识检查点 3-1）。
- ◆ 了解中小学教师数据素养发展的主要策略（知识检查点 3-2）。
- ◆ 掌握加强中小学教师数据意识的具体途径（能力里程牌 3-1）。
- ◆ 掌握提升中小学教师数据处理能力的路径（能力里程碑 3-2）。

本章核心问题

影响中小学教师数据素养能力发展的内外在因素有哪些？中小学教师数据素养的发展策略主要有哪些？

本章内容结构

问题一：影响中小学教师数据素养发展的内在和外在因素有哪些

问题二：中小学教师如何发展数据素养

中小学教师数据素养发展策略

自主活动：中小学教师数据素养发展的主要策略

小组活动：中小学教师数据意识培养路径

评价活动：评价本章知识与能力学习水平

引　言

随着大数据时代的发展变革，中小学教师数据素养被郑重提出。由于教师数据素养与教学、技术的整合性，使得教师数据素养的发展绝不可能是单一的、孤立的。教师数据素养的发展不是一个只单纯专注于数据处理能力的发展过程，而是一个从宏观层面上的政策引导到实践层面上的具体数据应用的环环相扣的系统化过程，这一过程是长期的、繁复的、艰巨的，其发展应着眼于政策引导、能力培育、数据文化建设与服务支撑体系构建等方面。

问题一：影响中小学教师数据素养发展的内在和外在因素有哪些？

一、外在因素

影响中小学教师数据素养发展的外在因素可分为国家、政府层面和学校层面。

1. 国家、政府层面的因素

国家、政府层面的因素包括政府领导力、政策、资金、基础设施建设、数据平台建设等。中小学教师数据素养直接受到政策的影响，良好的政策保障有利于中小学教师数据素养的提升。近年来，大数据时代中小学教师数据素养的问题得到了教育部门、研究机构及学者的持续关注，并出台了相关政策，开展了相关的实践工作。

2015 年，国务院发布《促进大数据发展行动纲要》，纲要中明确提出“要建立‘用数据说话、用数据决策、用数据管理、用数据创新’的管理机制”和“探索发挥大数据对变革教育方式、促进教育公平、提升教育质量的支撑作用。”

2018 年，教育部公布了《教育信息化 2.0 行动计划》，提出要“大力提升教师信息素养”，推动教师主动适应信息化、人工智能等新技术变革，积极、有效地开展教育教学。

2019 年，中共中央、国务院印发了《中国教育现代化 2035》，明确提出加快信息化时代教育变革；建设智能化校园，统筹建设一体化教学、管理与服务平台；利用现代技术加快推动人才培养模式改革，实现规模化教育与个性化培养的有机结合。

“十三五”以来，国家积极推动教育行业向“互联网 + 教育”方向发展，鼓励学校利用大数据技术开展对教育教学活动和学生行为数据的收集、分析和反馈，为推动个性化学习和针对性教学提供支持。

国内部分机构组织也在积极进行中小学教师数据素养教育的研究与实践工作。北京教育科学研究院基础教育教学研究中心就构建了“北京市义务教育教学质量监控与评价系统”，利用义务教育教学质量测试获得的数据分析课堂教学存在的问题，力求改变过去仅凭主观经验指导学校学科教学工作的局限性，提高教学指导的科学性。教育部人文社会科学研究青年基金开展了“数据素养对科学数据管理的影响及对策研究”项目，北京市社会科学基金开展了“基于成熟度模型的基础教育信息化发展水平评估指标体系研究——以北京市中小学为例”，微软亚洲研究院的大数据系列 MOOC 课程等也都是对于数据素养教育的具体实践，这些研究和项目推动了对部分教师数据素养教育活动的开展。

但总体来说，我国的中小学教师数据素养教育目前尚处于起步发展阶段，缺乏成熟的发展体系，政府教育部门还没有制订有关教师数据素养的标准。现在许多国家高度重视数据在教育领域中的应用，相继出台了一系列规划和政策，力求将数据的价值最大化。借鉴国外的一些经验，可以从以下两方面促进中小学教师数据素养的发展。

（1）制订不同学科、不同教育阶段的中小学教师数据素养标准，为中小学教师数据素养的发展提供参考，包括明确教师数据素养发展的门槛，将数据素养加入到教师资格认证的考查要素中，提高入职前的师范生的数据意识等。

（2）侧重促进教师有效应用数据的相关标准和规范的建设，将教师有效应用数据渗透到教育数据系统的规范建设当中，使得现有的数据系统能发展成为教师收集、获取、分析数据的支撑平台。

2. 学校层面的因素

学校层面的因素包括学校领导力、组织结构、教师能力标准及学校的数据文化等。在教育大数据的时代浪潮下，众多学校开展了教育大数据的研究与实践，力图通过教育大数据促进学校全面发展。各个学校所采取的策略和模式各不相同，但主要从以下三个方面展开：

（1）强化校园数据平台的管理，设立有专门人员维护的教育大数据平台，改善数据录入和输出的途径，及时更新各种数据资源。

（2）改善教师的工作条件，按照各校数据素养发展的需求、数据驱动教学的计划安排，为教师实施数据驱动教学提供基础设备，如录播设备、数码点阵笔、可穿戴设备等。

（3）整合数据资源，建立学校、教师、学生等教育数据资源库，开拓教师数据思维，为教师获取、分析数据提供便利。

例如，信阳九中在基于教育大数据的精准教学实践中，主要从以下渠道进行了尝试：一是使用智慧课堂、作业平台、备授课系统转变教师教学工作方式，改善和提升工作效率，减负增效，实现教师备课、授课的便捷化操作。二是为教师购置学科教学工具和电子书包教学应用环境，降低教学难度，提高教师课堂教学应用水平。同时依托作业平台提供的题库资源和优质视频资源，支持个性化的教与学。学校还建立了自己的校本资源库，学科教师不断上传、补充校本资源，使资源为我所有、为我所用。

作为中小学教师，应该有意识地关注影响教师数据素养发展的外部生态环境，树立使用数据的信心，并发展数据素养能力。

二、内在因素

1. 教师的数据意识

教师思想和观念的更新是影响教师数据素养的首要因素。外界环境对教师数据素养的发展固然重要，但教师若是没有自我发展的意识，缺乏积极性、主动性，其数据素养同样得不到有效的发展。

调查结果表明，有 50% 的教师对“数据素养”这一名词不熟悉，有的教师认为用不用数据技术对教学效果不会产生大的影响，教师的数据素养与教学效果之间没有必然的联系等，因此他们不积极主动地了解数据素养。

一方面，有些教师被传统的教育观念和方法束缚，对教师数据素养的发展采取回避的态度，在教育教学过程中仅仅重视传递知识，而很少去思考“可不可以采取别的方法讲授”“在教学过程中可以加入什么新的方法”等，习惯性地拒绝改变，拒绝思考，固守传统“授业者”的角色，不愿意跟随时代的变化主动进行改变。事实上，在如今的大数据时代，教师“授业”能力的高低更多应该体现在是否具备在复杂的教育数据中分析解读出有价值的信息，进一步改进教学的能力；是否能引导学生掌握数据有用性的评价标准，明确区分有用和无用的学习数据。因此，教师应该更深刻理解“授业者”的任务，对知识传授者的角色进行拓展。

另一方面，教师对数据素养缺乏全面的认识，简单地以为在网络上选取适合的辅助教学数据，统计学生作业出错率和考试成绩，偶尔反思一下，就是对自身数据素养的发展。这种浅显的认识导致教师对数据素养的理解是零散的、片段式的，在发展数据素养的过程中，如果教师没有明确的目标和计划，不及时进行总结和反思，只凭借自己积累的经验应对教育信息化进程中突飞猛进的教育教学改革，虽能勉强解决一时之需，但最终还是会被时代淘汰。

2. 教师自身的个性与习惯

教师自身的个性与习惯也是影响教师数据素养提升的一个重要因素。如一些经验丰富的教师喜欢在生活中和纸质材料中寻找素材，不喜欢上网查询资料，认为自己在教学中拥有多年的经验，并有充足的、典型的教学参考资料，足以进行教育活动，因此，忽视对教学的创新，数据更新与共享意识较弱，无法将教育数据的价值最大化。再比如，一些年轻教师喜欢从网络上寻找素材，而且会借鉴一些优秀网课的教学经验，及时更新自己的教学策略，但是由于教学经验不足，不熟悉教学大纲和教学内容，所以对有关教育数据的感知力不强，不易将之与教学联系起来。当前，有的老师建立了属于自己的包含学生各个方面数据的数据库，能通过数据的变化分析学生的行为。但是很多教师缺乏这种习惯，他们还是根据自身多年的教学经验来指导自己的教学工作，很少通过数据的途径来了解自己教学上的不足以及改进教学的方法，由于缺乏科学数据的支持，很难做到客观性。

问题二：中小学教师如何发展数据素养？

随着大数据在教育领域的深入应用，产生了海量的数据。如何更好地获取和利用这些数据并将其转化成有价值的知识，从而促进教学决策，改进教学实践，完善自身专业发展，需要中小学教师具备较高的数据素养，这也是大数据时代对教师提出的新要求。教师可以从以下几个方面提升数据素养，以适应数据素养发展的外部生态。

一、加强数据意识的培养

数据意识的培养是数据素养发展的先决条件，一定要先从意识上内化，然后转化到实际教学当中。

具体途径如下：首先，提高对数据的敏感度，在教学中，有意识地强化对数据重要性的认识。传统的教学以经验为中心，主观性比较强，客观性比较差。利用大数据技术可以很好地解决这一弊端，教师可以从数据角度分析教学中的问题，分析学生行为的变化，这些都要基于良好的数据意识。其次，要具备理性的思维，养成将数据运用到教学实践中的习惯，有意识地应用数据发现问题并解决问题，真正发挥数据应有的价值。

二、提升获取数据的能力

传统的教学只注重学生的成绩，而对于学生的基本情况了解得不够透彻，对有些数据信息也不能及时更新。在大数据时代，可以获取大量即时的信息，这些数据不仅包括学生基本信息的收集与整理，还包括对学习过程中产生的数据的整理，同时教育数据积累的趋势还呈现出从量化到质化、从显性到隐性、从静态到动态的特点。

因此在实际教学中，面对教学数据，中小学教师应做到以下三点：

一是要加强甄别数据的能力，重点关注数据的质量而非数量。数据的正确与否直接关系到教学决策的成败，因此，在积累阶段，一定要通过各种数据的对比和相关分析等判断数据的真实性和可靠性。

二是要加强转换数据的能力，能够发现数据背后隐藏的价值。在教学当中，既有显性数据，也有隐性数据。显性数据主要包括学生的测试成绩、考勤情况、个人基本信息等，隐性数据包括学生的性格特征、内心情感、对知识的理解程度等。教师除应该获取和解读对教学过程中的显性数据外，对于隐性数据，也需要具备转换的能力，从而最大程度上发挥数据的价值。教师在日常教学中要注意积累学生的一些隐性数据，像学生的情感、对知识的理解程度等。

三是要加强更新数据的能力，大数据背景下的数据不仅量多而且变化速度快，这就要求中小学教师保持清醒的头脑，适应数据的变化，及时保存、更新数据，让教学有数据可依，随数据而变。

三、提升处理数据的能力

教师在获取数据后，还要具备处理数据的能力。

1. 挖掘数据的内在价值

要真正发挥利用数据改进教学的作用，需将两者相结合，找出内在的关联性，使之相互促进，实现双赢。教师除了要了解学习因素，还要了解非学习因素，这样才能全面解读学生的特定行为，充分挖掘数据的内在价值。

例如，对于学生的情绪状态、生理因素、身心状况等，在解读时可以进行相关性分析。具体来说，可以通过两种方式来进行相关性分析，一种是横向分析，主要是针对同类主体之间的分析，比如学科与学科之间，学生与学生之间等。一种是纵向分析，主要是针对不同时间段变化的分析，比如之前达成的学习目标与现在学习目标的对比，确定是进步了还是落后了。可以制作相关图表和动态演示图分析学生的学习行为数据，以更科学和直观的形式了解学生的学习现状，发现问题，及时调整现有的教学策略，更好地适应学生的需要。

2. 探索数据的规律

认识了数据发展中的规律，不仅能帮助教师提高辨别数据真伪的能力，也能提升教学效率，预测未来教学中的问题。教师可以利用数据的规律及时更改教学策略来适应学生的发展需要以及提前做好预设，将课堂的主导权掌握在自己手中。

例如，为了综合分析学生的学习状况，可以将学生、家长和教师都纳入进来。家长对学生的行为发展能起到基础的示范作用，因此可以通过分析家长的相关信息，了解学生的成长环境、教养方式，这对深入研究和了解学生有着重要的指导作用。通过与其他任课教师沟通交流，也可以互享学生的学习情况、学习状态等。基于以上的综合分析就可以预测学生下一阶段的发展方向，事先制订好相应的学习计划、学习策略、指导方案等，促进学生的个性化发展，满足学生的需求，真正实现以人为本的教育。

3. 应用数据改进教学

应用数据改进教学是最贴近教学实践的一环。具体可以从以下两个方面来改进。

（1）教学设计方面

传统的教学设计面向的是学生全体，对个体的针对性不强，无法做到因材施教。大数据技术的发展弥补了这一缺陷。教师可以运用大数据技术，即时关注学生的个体差异，选择合适的教学方式，以满足学生的需求。

在大数据平台的支持下，教师可以在课前利用在线平台，先将学生进行分层，然后针对不同层次学生的需求，制作不同的学习资源，发送到在线平台上，对学生的预习情况进行实时的检查与分析，并根据不同学生的需求及时进行解答，更新相关内容。在掌握学生预习情况的条件下，教师可以对授课的侧重点进行调整，打破传统教学的局限性，真正实现因材施教。同时，也让师生关系变得更加和谐、融洽。

（2）教学组织方面

大数据、云技术、移动终端的发展，为组织线上学习提供了设备保障。中小学教师除了课堂教学之外，还应提高自身的在线教学能力、在线组织管理能力以及将线上与线下教学有效衔接的能力。线上教学能够实现点对点的沟通与交流，为学生量身定制学习计划。同时，由于线下教学是目前的主流，还需要中小学教师提高衔接线上与线下教学的能力，分配好各自的内容侧重点，实现线上线下相互补充、相互促进。

四、加强数据评估的能力

传统教学评价往往通过分数对学生进行评价，带有主观色彩，缺乏实证数据的有力支持。传统教学评价也多是总结性评价，重结果，轻过程。再加上有些数据是隐性的，比如对学生的学习态度，传统教学评价根本不会涉及，因而也就无法准确反映学生的真实情况，更谈不上为提高教学质量提供指导。

大数据技术提供的教学评价则具有及时性、科学性、生成性的特点，可以更加直观地展现教师教和学生学的全过程，这种评价是一种生成性评价，也是一种动态性评价。这种评价方式可以给中小学教师提供客观的、科学的教学反馈，能帮助中小学教师认识自身教学的不足并及时改进，也能让中小学教师对学生各类数据的动态变化做出及时的应对，从而迅速调整教学策略，提升教学质量。大数据技术支持下的教学评价甚至可以精确到某一个时间段，某一个教学情境，如学生更喜欢哪种教学方式，采用什么样的导入会更有效果，教学中出现过哪些问题，这些问题如何规避，等等，从而使中小学教师更好地实现精准教学，因此教师在教学中要重视形成性评价的应用。

五、提升数据交流的能力

利用数据来表达、沟通与协作，创造一个合作并进的数据氛围，是教师数据素养可持续发展的动力。在大数据背景下，教育数据呈现爆炸式增长，同事间的交流与共享变得越来越重要。一位教师提供的数据是从个人视角形成的，不易表明整个学科中的数据概貌，而全体教师的数据是从多个角度形成的，更有利于学科数据的建设。中小学教师之间（特别是同一学科）的数据共享和相互借鉴，能够帮助他们弥补遗漏的数据资源，形成完整的数据链，加深处理和使用数据的程度。在大数据背景下，教师可以充分利用主流的网络沟通工具，如微信、微博、博客、论坛、QQ等，丰富并推广有效应用数据改进教学的成功案例，相互之间提供应用参考，也可以在线交流想法、讨论问题，不断提升应用数据改进教学的自我效能感，有力推进自身数据素养的可持续发展。

拓展阅读：国外数据素养发展项目

一、TERC 的“使用数据”项目

TERC 是美国剑桥市的一个非营利性研究机构，长期致力于将新教学技术应用于数学、科学和技术教育。在美国国家科学基金会的资助下，TERC 开展了关于教师数据素养的培训项目，旨在帮助教师通过数据改善教学行为、提升教学效果，并为教师利用数据教学提供技术和人员支持。来自 60 多所学校的教师和校长参加了 TERC 的培训项目。培训项目中担任教练的既有数据能力出色的专家，也有经验丰富的教学团队，组织者以协作探究的形式开展情境化的培训，将数据素养能力嵌入到教学实践中。

该项目采用线上学习和线下实践相结合的教学模式，分为建设数据应用的基础环境、分析学生的学习问题、发现问题的根源、生成解决方案以及得出实践结论五个阶段（见图 3-1）。

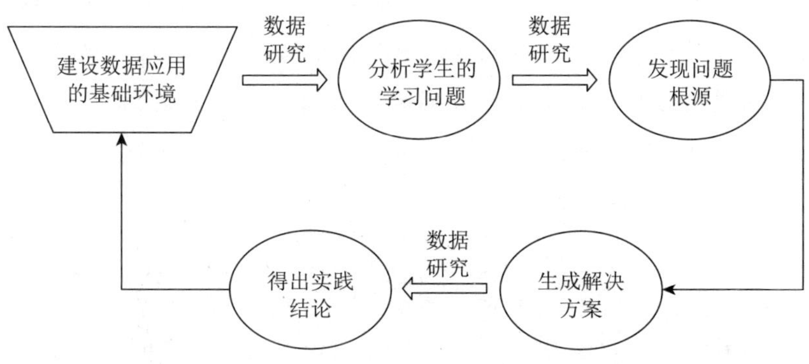

图 3–1 “使用数据”五阶段过程模型

教师通过在线平台学习的数据素养知识，涵盖了从如何利用工具和策略分析到如何评估学生数据等内容模块。该项目在培训活动中引入真实的教学问题，组织教师结成学习小组分析班级数据，发现问题，然后选择合适的教学干预手段，改进教学计划，并检测教学目标是否达成。在培训过程中，专家通过在线或面对面的方式参与，指导教师利用数据持续改进教学。

经过培训，教师的数据素养有了较大的提升，能够综合不同类型的教学数据，分析出造成学生学习困难的原因，并借助数据改进教学行为和方式。同时，教师的数据态度和意识也得到了强化。该项目从三个方面评价教师能力提升效果：①教师团队研究活动形成的报告；②教师在教学中使用数据的知识和能力；③教师对待数据的态度和意识。评价结果显示，很多学生的数学、科学等科目成绩显著提升，学习积极性和效率明显改善。

二、荷兰的“数据团队”项目

荷兰教育部门奉行教育自主化，各地区的学校可以自由制订教学主题和教材、设计评估方案和教学策略。“数据团队（Data Team）”项目是荷兰教育部主持的旨在通过团队合作，指导教师使用数据教学的实践项目。该项目基于知识管理中著名的SECI（Socialization，Externalization，Combination，Internalization）模型，从显性知识和隐性知识相互转换的角度设计了培训方案。SECI模型指出了显性知识和隐性知识相互转化的四个阶段：潜移默化、外部明示、汇总组合和内部升华，并且螺旋上升。基于该模型，教师数据素养的培训被设计成螺旋式的拓展过程。

该项目持续了两年，参与者包括10所学校的教师和负责人。教师以团队合作的方式实施循环迭代的教学探究，每个团队都配有教练辅导。研究者根据参与者的教育背景和问题优化分组，避免参与者由于背景差异产生意见分歧。培训过程围绕确定问题、形成假设、数据收集、数据质量检验、数据分析、解释并得出结论、实施改进措施和教学评估这8个环节展开（见图3-2）。在合作探究活动中，参与者通过研讨会，使用头脑风暴等方法对教学过程进行分析和讨论。讨论主题包括分析数据结果、发现教学中的问题、制订下一步行动计划、对结果进行合理化的假设等。同时，组织者根据SECI模型的四个阶段对教师数据素养能力提升程度进行评估。

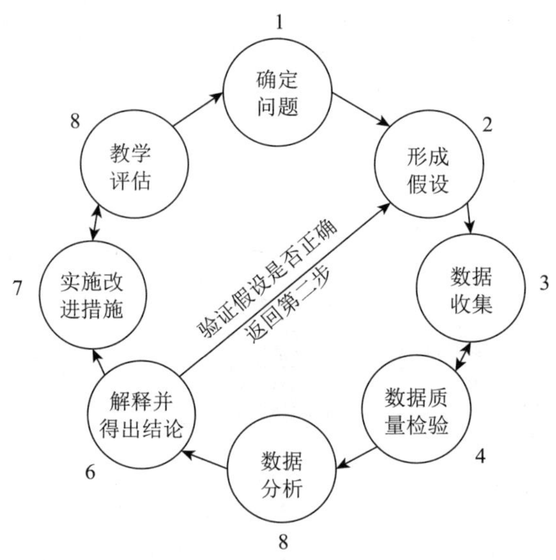

图3-2 “数据团队”项目培训过程

本章内容小结

在本章我们了解了目前国家政府和学校在提升中小学教师数据素养方面所开展的相关工

作，包括出台的相关政策、开展的实践研究（知识检查点 3–1），在了解了促进中小学教师数据素养发展的外部生态后，又了解了影响中小学教师数据素养发展的内在因素。了解了中小学教师个人数据素养发展的主要策略（知识检查点 3–2），掌握了加强中小学教师数据意识的具体途径（能力里程碑 3–1），同时掌握了提升中小学教师数据处理能力的路径（能力里程碑 3–2）。

本章内容的思维导图如图 3–3 所示。

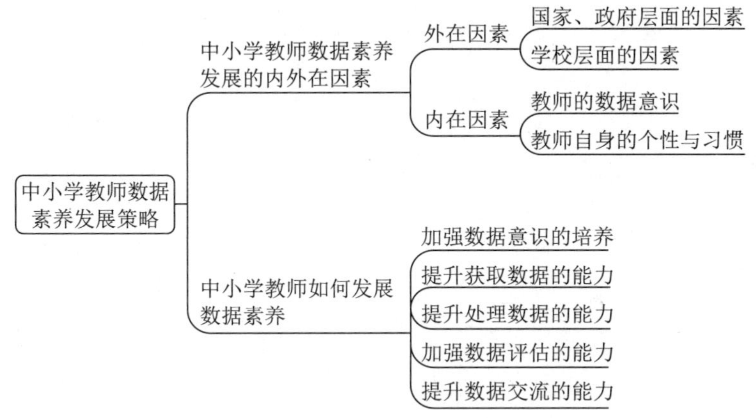

图 3–3 思维导图

自主活动：中小学教师数据素养发展的主要策略

请学习者在学习完本章内容后，进行自我反思，并记录个人学习心得。

小组活动：中小学教师数据意识培养路径

请学习者围绕本章的学习主题进行组内交流，并做好小组学习记录。

评价活动：评价本章知识与能力学习水平

一、简述题

1. 阐述近几年来国家在提升教师数据素养方面出台的重要政策（知识检查点 3–1）？

2. 请结合本章所提及的内容，谈谈提升数据教师数据素养的主要策略有哪些（知识检查点 3–2）。

二、实践项目

请结合你自身的教学工作，阐述你将如何加强数据意识的培养（能力里程碑 3–1），如何提升数据处理能力（能力里程碑 3–2）。

第四章 中小学教师数据素养培养——知识技能层面

本章学习目标

在本章的学习中，要努力达到如下目标：

◆ 了解数据的种类和统计分类（知识检查点 4-1）。

◆ 了解常见的统计量和常用的统计图表（知识检查点 4-2）。

◆ 掌握获取数据的几种方式（能力里程碑 4-1）。

◆ 掌握 Excel、SPSS、Access 等数据处理软件的基本功能（能力里程碑 4-2）。

本章核心问题

教学数据获取的方式和工具有哪些？

本节内容结构

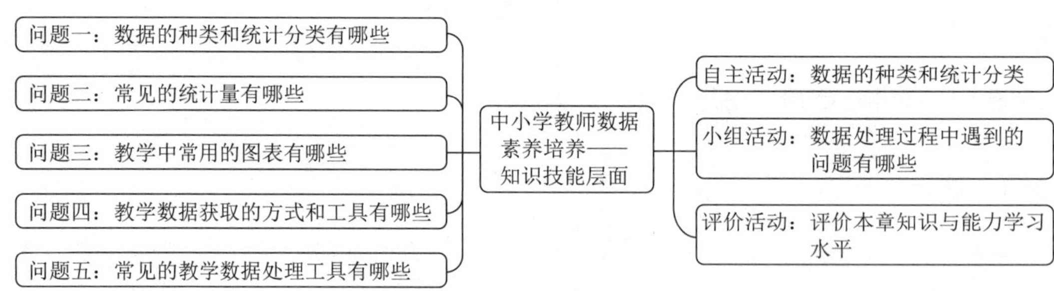

引 言

数据素养的知识技能层面包括数据基础知识和使用数据工具的能力。数据基础知识是教师运用数据辅助教学的前提，教师应能够理解教学数据的种类及数据的统计分类，具备基本的统计学常识，熟练掌握基本的可视化图表，熟悉常见的数据获取及分析工具等。

问题一：数据的种类和统计分类有哪些？

数据是随机变量的观察值，它用来描述对客观事物观测结果的数值（我们在这里所说的数据主要是指数值型数据）。当我们对某个随机变量进行观测时，事先无法预料会得到什么值，一旦某个值被取定，就称这个值为随机变量的一个观察值，即数据。

数据的种类不同，统计的方法就不同。统计数据按来源可分为点计数据和度量数据；按随机变量取值情况可分为间断型随机变量数据和连续型随机变量数据。

一、数据的种类

1. 点计数据和度量数据

点计数据是指计算个数所获得的数据，如学校数、班级数、学生数、教师数、课程数、教室数和科学仪器数等。

度量数据是指用一定的仪器或标准测量所获得的数据。例如，用测高器测得学生身高的数据，用秒表测得学生完成某作业所用时间的数据，用某种智力测验测得学生智商的数据，用某学科测验获得学生对该学科知识、能力掌握情况的数据等。

2. 间断型随机变量数据和连续型随机变量数据

取值个数有限的数据，称为间断型随机变量的数据。这种数据的单位是独立的，一般用整数表示，例如，三好学生人数，某门学科不及格人数，对学生的品德、兴趣、爱好和活动能力评定的等级，都属于间断型随机变量的数据。

取值个数无限的（不可数的）数据称为连续型随机变量的数据，这样的数据可以用小数表示，能连续充满某一个取值区间。例如，学生的身高、体重、智商、完成作业所用的时间等，都属于连续型随机变量的数据。

二、数据的统计分类

数据的统计分类是指按照研究对象的本质特征，根据分析研究的目的、任务以及统计分析时所用统计方法的可能性，对所获得的数据分类，它是对数据进行归纳、整理、简化和概括的第一步，为进一步分析研究打下基础。在分类前，要先将因为过失和误差造成的不真实、不准确的数据剔除出去，但不能随心所欲地去掉那些不符合自己主观假设的数据。在分类时，关键是要抓住研究对象的本质特征，并对它的概念做出明确和严格的界定，因为本质特征是分类的基础和依据。

分类的标志（即分组所依据的特性）不仅要明确，而且要前后一致，要能将全部数据包含在内。进行统计分类时，不仅以研究对象的本质特征为依据，还要以研究目的和任务的需要为依据，当然也应考虑统计方法的可能性。

分类标志按形式划分可分为性质类别和数量类别。性质类别是按事物的不同性质进行分类，不表明事物之间的差异。例如，将学生分成男生与女生，将实验对象分成实验组与对照组，将作文成绩分为甲、乙、丙、丁，将健康状况分为好、中、差等。虽然上述的两种分类有好坏之分，但不能比较相差的数量。按性质类别分类，还可以进一步分成对学生按性别和操行评定等级、班级和性别等层次进行分类。数量类别是按数值大小分类并排序。在排列顺序时，可以直接按数值大小进行排列，也可以按等级顺序进行排列。

问题二：常见的统计量有哪些?

对于教育工作者来说，具备基本的统计学常识、理解数据所表达的含义和掌握相关的统计知识，可以提高教学工作的科学性和效率。

一、集中量

1. 平均数

平均数即算术平均数，它等于数据的总和除以数据的个数。

对于一般的班级或学校来说，学生的得分在平均分附近的比较多。

平均数具有以下几个性质：

（1）平均数与各数据的离差之和等于零

$$\begin{aligned}\sum_{i=1}^{n}(x_i-\overline{x}) &=(x_1-\overline{x})+(x_2-\overline{x})+(x_3-\overline{x})+\cdots+(x_n-\overline{x})\\ &=(x_1+x_2+x_3+\cdots+x_n)-n\overline{x}\\ &=n\overline{x}-n\overline{x}\\ &=0\end{aligned}$$

（2）平均数对极端值很敏感，即平均数容易受极端值的影响。

2. 众数

一组数据中出现次数最多的数就是这组数据的众数。

3. 中位数

将一组数据从小到大排列，处于中间位置的数就是这组数据的中位数。如果数据的个数是奇数，中位数将除自身以外的数据分成个数相同的两部分，一部分数据小于中位数，另一部分数据大于中位数；如果数据的个数是偶数，中位数就是排序后中间两个数的平均数。

平均数、众数和中位数各有其特点，众数和中位数不适合进行进一步的计算，所以在成绩分析中最常用的是平均数。

二、差异量

1. 标准差

标准差就是用所有数据减去其平均数的平方的和除以数据的个数（或个数减一，即变异数），再把所得的值开平方所得的数。

标准差是有量纲的，它的单位与原来数据的单位相同。在实际统计中，更多的是使用标准差来描述离散程度。标准差用来表示一组数据分布的离散程度，其值越大，说明数据分布的离散程度越大；其值越小，说明数据分布的离散程度越小，即数据比较集中。

2. 变异系数

变异系数是原始数据标准差与原始数据平均数的比。变异系数没有量纲，用它可以对多组数据进行客观的比较。对两组或多组数据的分散程度进行比较时，如果它们的度量单位相同，可以直接用标准差进行比较。如果它们的度量单位不同，就不能用标准差比较其变异程度了，而需要用标准差与平均数的比值（相对值）来进行比较。用变异系数进行比较，可以消除因单位不同而对两组或多组数据分散程度比较的影响。

事实上，可以认为变异系数和标准差一样，都是反映数据离散程度的绝对值。其数据大小不仅受数据值离散程度的影响，还受数据值平均水平大小的影响。变异系数的计算公式为：

$$C_V = （标准偏差 SD/ 平均值 Mean）\times 100\%$$

问题三：教学中常用的图表有哪些?

统计图具有直观、形象、生动、具体的特点，它可以使复杂的统计结果通俗化、形象化，使人一目了然，便于理解和比较。

一、直方图

直方图用一系列高度不等的纵向条纹或线段表示数据的分布情况，如图 4–1 所示。一般用横轴表示数据类型，用纵轴表示数据的值，用直方图不仅能显示各组数据的频数分布情况，而且易于显示各组数据之间和各组数据频数之间的差别等。

根据学生成绩直方图，可以直观地看出成绩在哪个范围的学生最多，大概有多少人。

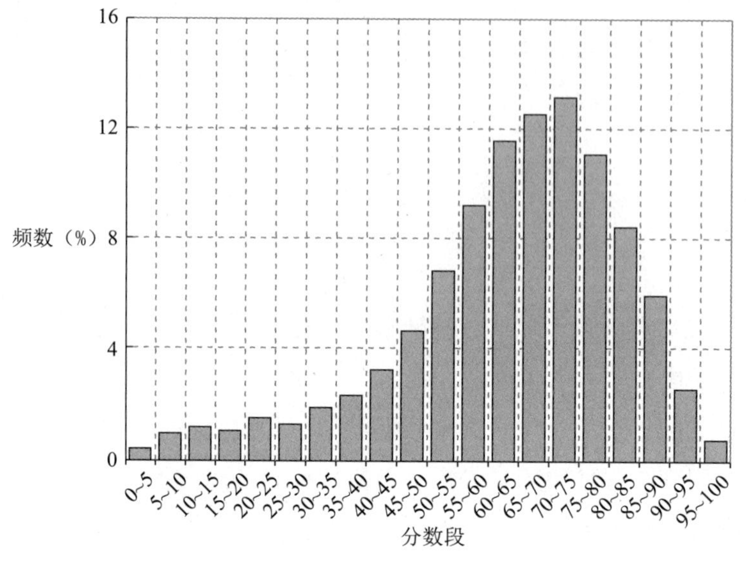

图 4–1　直方图

对称分布直方图：左半边的形状与右半边的形状一样，如图 4–2 所示。

左偏分布直方图：左边的尾部比右边长，如图 4–3 所示。

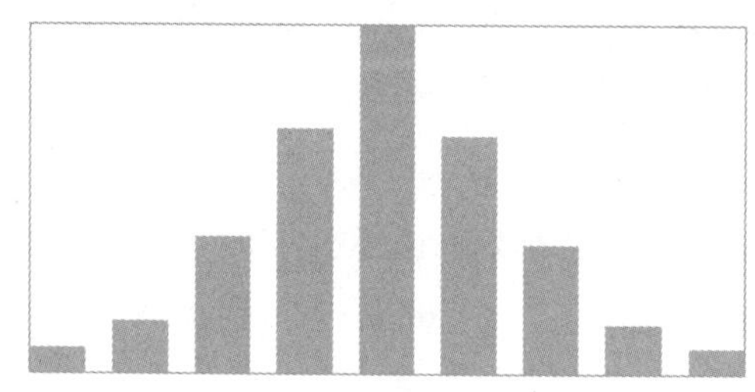

图 4–2　对称分布直方图

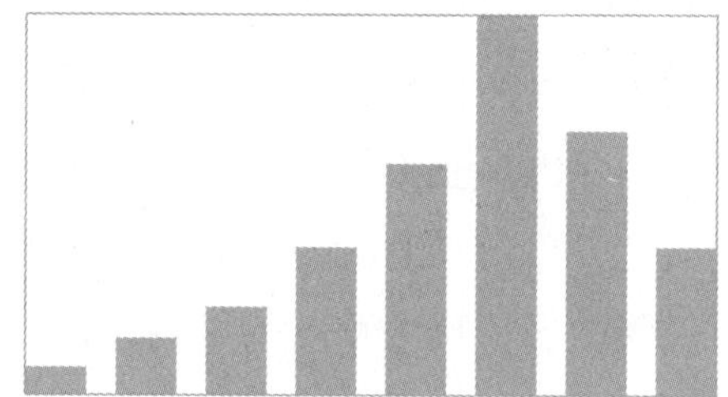

图 4–3　左偏分布直方图

右偏分布直方图：右边的尾部比左边长，如图 4–4 所示。

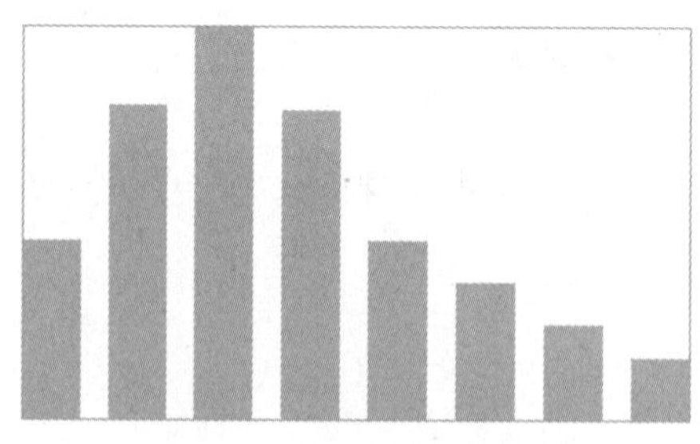

图 4–4　右偏分布直方图

除了观察与判断，可以通过计算偏度来判断直方图分布的形状。

偏度（skewness）也称为偏态、偏态系数，是用来度量统计数据分布偏斜方向和非对称程度的数字，偏度用 *bs* 表示，如表 4–1 所示。

表 4-1 不同偏度表示的含义

偏度 *bs*	评　价
$bs<0$	负偏离，也称左偏态。左边的尾部比右边的尾部长
$bs=0$	分布是对称的
$bs>0$	正偏离，也称右偏态。右边的尾部比左边的尾部长

二、扇形统计图（饼图）

扇形统计图，也称为饼图，它利用圆和扇形来表示整体和部分的关系，即用圆表示总体，用各个扇形分别表示总体中的不同部分，扇形的大小反映部分占总体的百分比，饼图的各部分占总体的百分比之和为 100%。

饼图的优点是易于显示每组数据的数据量相对于总体的数据量的关系，缺点是在不知道总体数量的情况下，无法得知每组数据的具体数量。例如，通过图 4–5，可以很直观地看出，容易的题目占试卷总题目的 59.33%，难题占试卷总题目的 13.33%。

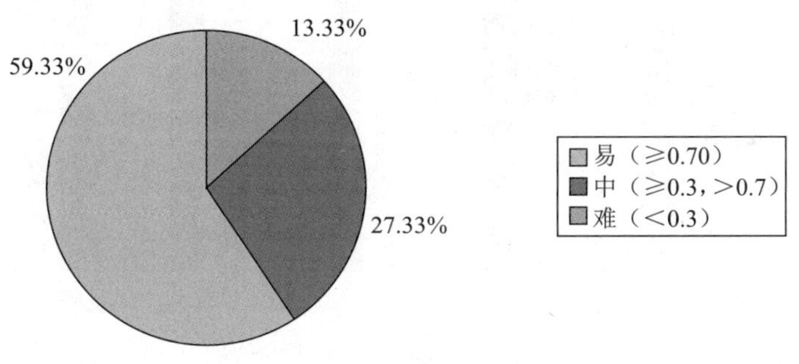

图 4–5 试卷难度结构

三、折线图

折线图是用一个单位长度表示一定的数量，根据数量的多少描出各点，然后用线段顺次把各点连接起来得到的统计图。它既可以表示出各分项的具体数量，又能清楚地反映事物变化的情况。

折线图的特点是能较好地显示数据的变化趋势。例如，某区 2010 ~ 2018 年历年理科考生人数折线图，如图 4–6 所示。可以看出，2010 ~ 2016 年理科考生人数大致呈下降趋势，而 2016 年之后理科考生人数逐渐回升。

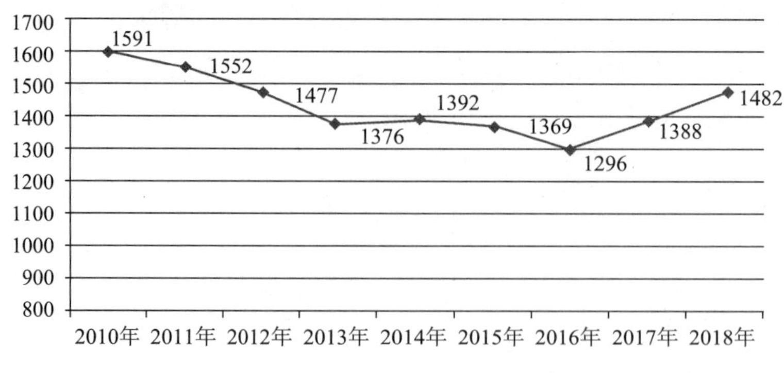

图 4–6　理科考生人数折线图

四、条形图

条形图是用宽度相同的条形的高度或长短来表示数据多少的统计图。条形图可以横置或纵置，纵置时也称为柱形图。

图 4–7 中，每位学生的成绩数据以条形图的方式呈现。这是一个双竖条条形图，每位学生对应两个竖条。

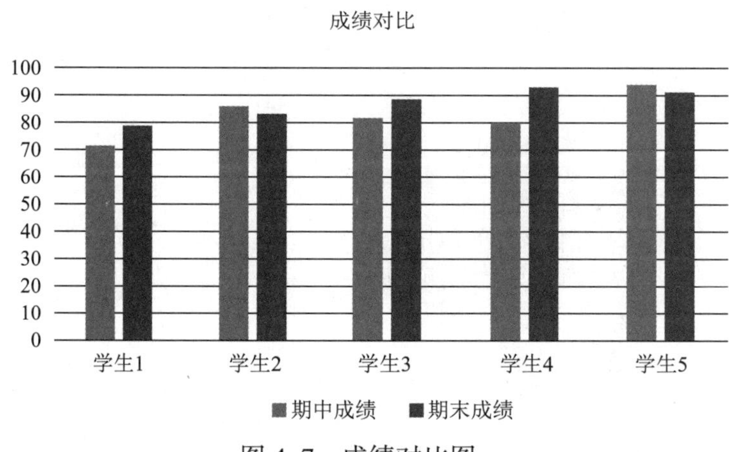

图 4–7　成绩对比图

虽然条形图中没有提供准确的数字，但是通过观察与分析可以得出大致的结论。例如：学生 2 和学生 5 的成绩下滑了，学生 4 是期中到期末进步最快的学生。

注意：条形图的适用对象是分类变量，而连续变量的适用对象是直方图。条形图的不连续正是分类变量离散特征的反映。虽然条形图和直方图非常像，但是它们有本质区别。

五、雷达图

雷达图是用从同一点出发的轴表示三个或更多个定量、变量的二维图，可以用来显示多变量数据。雷达图也称为网络图、蜘蛛图、星图、蜘蛛网图、不规则多边形和极坐标图或 Kiviat 图。

在教学中，进行学科均衡性分析时多采用雷达图。图 4–8 为某学生某次考试成绩的雷达图，从图中可以看出，这位学生的数学成绩较好，而生物成绩相对来说较差。

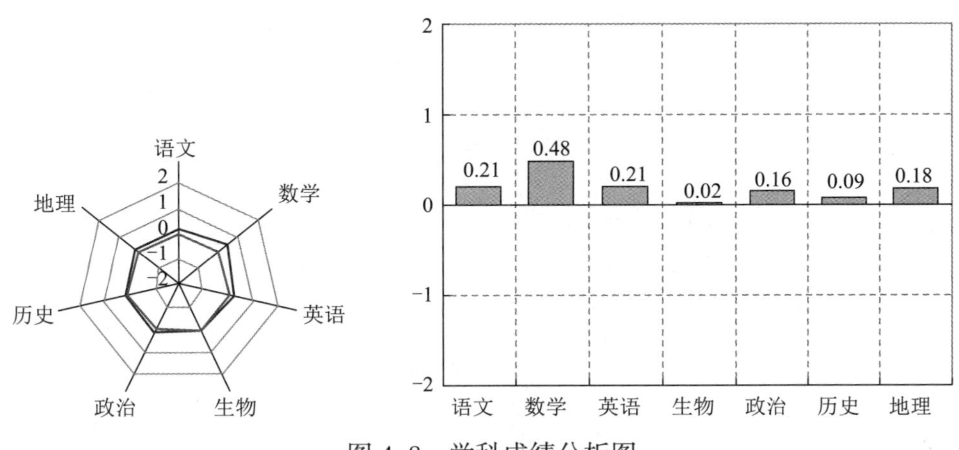

图 4–8　学科成绩分析图

问题四：教学数据获取的方式和工具有哪些?

数据获取能力是教师数据素养核心技能的基础。首先，对于已经存在的数据，教师需要具备获取它的能力；其次，对于不能直接从现有数据源获取的数据，教师要能够选取合适的方法获取。常用的获取教学数据的途径有问卷调查、观察与记录及在线平台。

一、问卷调查

问卷调查是一种能够准确评估访谈中发现的事实以及意见的可靠方法。可以下发纸质问卷收集数据，也可以借助在线问卷类工具，目前在线问卷类工具比较多，通过它们可以方便快捷地获取一些在线调查和测试数据。这些在线工具支持众多题型，还能对收集的结果进行详细分析，可以使用它们定制个性化调查问卷或其他类型的测试。相比传统纸质问卷，在线问卷作答方便、受众面广、节约成本和手工录入时间。

在线问卷工具在日常教学活动或学生管理中也有较高的实用度，方便、快捷是其最大优势。在线问卷工具大多包含问卷调查、在线测试、表单、投票和测评等功能，例如，课堂在线测试，能在第一时间获得详细的答题数据分析，了解学生的答题情况，如图 4–9 所示。

第4题： 在0，-3，+10.2,15中，整数的个数是(　　) [单选题]

正确率： 66.67%

选项	小计	比例
A.1	1	16.67%
B.2	1	16.67%
C.3 (答案)	4	66.67%
D.4	0	0%

表格　饼状图　圆环图　柱状图　条形图

图 4–9　借助在线问卷工具进行线上测试

二、观察与记录

在教学中，通过设计合理的教学活动，可以科学、规范地获取数据，也可以使用合理的教育评估方式获取数据，如设计学习评估量表或观察学生的相关行为并进行记录等。

智能录播技术是一种常见的采集课堂教学数据的手段，借助它可以采集到教学过程中的音视频信息。例如，通过录制的音视频可以获取课堂中教师提问、引导和评价等方面的教学行为数据，还可以观察、统计出学生在课堂上的回答内容，记录学生的学习状态，如图 4–10 所示。

图 4–10　录播实录画面

除了智能录播系统，还可以借助智慧课堂设备获取课堂教学互动和授课数据，也可以用手机拍摄学生作业和练习数据，用阅卷系统获取考试数据等，如图 4–11、图 4–12 所示。

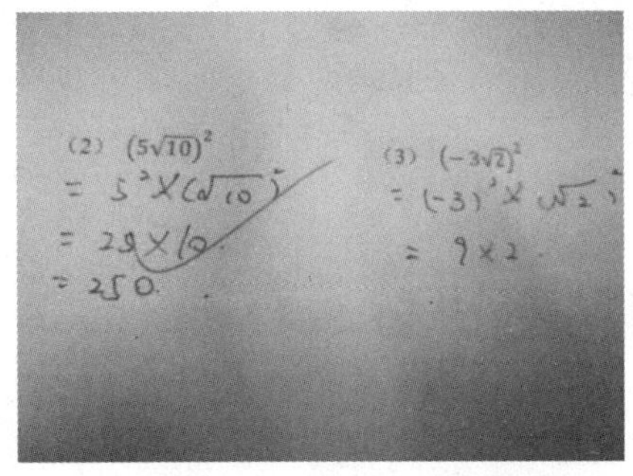

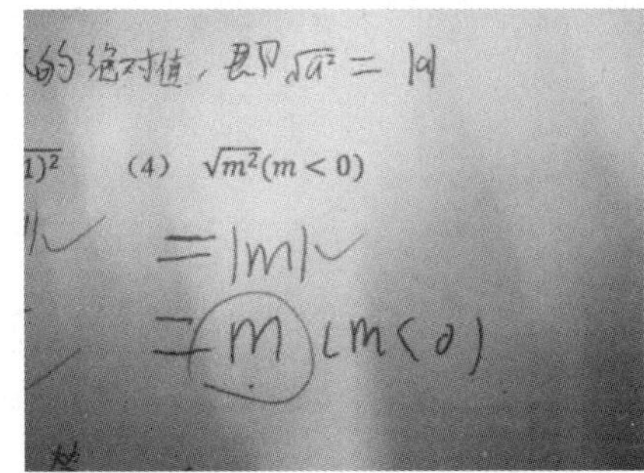

图 4–11 用手机拍摄学生作业和练习数据

图 4–12 用校级云阅卷系统获取校内考试数据

三、在线平台

传统课堂教学中，教师为采用统一布置、批改作业的形式，这种形式反馈滞后，讲评作业时也只能讲共性的问题，缺少个性化的评价和反馈。实施信息化的课堂教学，可以布置个性化作业并进行有针对性的教学。教师可以根据学情，向学生发布个性化课后作业，通过人工智能自动批改作业。学生在完成作业后可以直接提交给教师，教师和学生之间的沟通更加便利。

在线作业不是替代传统线下作业，而是对完成作业的一种更好的补充形式。对学生来说，使用在线作业平台能起到提升学习效率、缩短写作业的时间、减轻学习负担的作用；对教师来说，使用在线作业平台能提升教学效率。

以某平台为例，某班级学生提交在线作业后，教师在平台获取的数据，如图 4–13 所示。学生提交作业后，教师不仅能够及时掌握学生的测试成绩，还可以获得学生完成测试所用的时间等。

微信 上午6:43

英语练习 05-21
七年级3班
分制说明

欧阳采颖	95分	用时6分钟
贾儒潇	95分	用时7分钟
崔庭彰	95分	用时5分钟
冯新宇	95分	用时6分钟
朱子璇	81分	用时5分钟
奚文钰	80分	用时32分钟
庞凯乐	80分	用时7分钟
钟明杰	80分	用时7分钟
徐子航	79分	用时5分钟
危佳怡	78分	用时11分钟
李婧	63分	用时7分钟
刘晓萌	46分	用时17分钟

奖励和评语　退回重做

图 4–13　在线作业平台反馈数据示例

问题五：常见的教学数据处理工具有哪些？

教学数据的处理能力是对教师原有基本教学能力的强化，涉及数据的组织、整理和综合，包括运用数据支持工具获取和分析数据的技能。教师在日常教学工作中会用到很多数据信息，包括学生的信息整合、学习动态记录和平时成绩分析等，现在有很多网络平台可以实现基本的数据处理的功能。

教学中常用的数据处理工具有很多，如 Excel、Access、SPSS、R 软件等，这些软件各有优缺点和适用范围，教师有必要掌握这些常见的数据处理工具的基本操作技巧，以提高工作效率。

一、使用 Excel 软件处理数据

Excel 软件（以下简称 Excel）作为常见的数据处理工具，在教学中应用非常广泛。下面介绍 Excel 的一些使用技巧。

技巧一：快捷键的使用

1. 用“Ctrl”＋“PgDn/PgUp”组合键快速转换工作表。

2. 用“Ctrl”＋“方向符”组合键快速转换单元格。

3. 用“Ctrl”＋“Shift”＋“方向符”组合键纵横跨选单元格，从而选定特定的区域。

4. 用 3 个键组成的组合键迅速统一数据格式，例如，用“Ctrl”＋“Shift”＋“%”组合键把数据转换成百分比格式。

技巧二：函数的使用

1. 用 STDEV 函数计算基于给定样本的标准偏差。

2. 用 RAND 函数生成一个小于 1 但大于等于 0 的随机数。

3. 用 VLOOKUP 函数查找指定值所对应的另一个值。

4. 用 COUNTIF 函数统计在特定范围内，满足既定条件的单元格的个数，其中的第一个参数是统计的范围，第二个参数则是条件。

例如，“=COUNTIF(B2:B45，>=60)”统计在 B2 至 B45 单元格范围内，成绩大于等于 60 分的单元格的个数，即及格人数。

5. 用 RANK 函数返回某数字在一列数字中相对于其他数值的排名。

例如，在 C2 单元格中输入以下内容“=RANK(B2, $B$2:$B$45)”。这里，B2 单元格中包含确定位次的数据，$B$2:$B$45 表示单元格范围，函数的返回值就是 B2 单元格中的数据在 B2 至 B45 这一数据区域的排名，这一结果将被显示在 C2 单元格里。

技巧三：数据录入注意事项

1. 数据分类。Excel 中的数据可以分为两类：一是文本型数据，不可用于加减乘除运算，尽管其中有些数据可能全部由数字组成，例如，学生的编号、手机号等；二是数值型数据，可以进行加减乘除运算，例如，对成绩求和。如何快速辨别录入的数据的类型呢？在未设置格式时，文本型数据是左对齐的，数值型数据是右对齐的。

2. 录入文本型数据。可以直接输入普通文本。例如，学生姓名、学校名称等。对于纯数字的文本型数据，需要将其单元格格式修改为文本，然后再录入。例如，学生编号、身份证号等。

3. 录入数值型数据。可以直接输入数值型数据。例如年龄、时间和日期等。但输入某些数值型数据时需要注意格式，比如输入日期时，不要输入“2019.2.3”这样的错误格式，Excel 会认为这是文本数据，可以输入“2019-2-3”或“2019/2/3”，即年、月、日之间应使用“-”或“/”分隔。

录入分数时，例如录入“1/4”时，不能直接输入“1/4”，Excel 会认为这是一个日期，正确的输入方式是输入“0 1/4”（先输入 1 个 0，并在 0 后面输入一个空格，之后再输入这个分数）。

技巧四：数据透视表的使用

数据透视表是一种交互式的表，它的优势在于能动态地改变版面布局，重新安排行号、列标和页字段等，从而可以按照不同的方式分析数据。每一次改变版面布局时，数据透视表会立即按照新的布置重新计算数据。如果原始数据发生更改，也可以相应更新数据透视表。例如，在教学工作中经常需要计算各学科或各班级考试平均分，利用数据透视表可以快速获得统计结果。

下面以某高三年级期中考试为例，介绍如何利用数据透视表快速计算 3 个班级各学科的总分的平均分。

步骤 1：先选中整个 Sheet1 工作表，然后单击工具栏上的“插入”标签，进入“插入”选项卡，如图 4-14 所示。

考生号	姓名	班级	语文	数学	英语	综合	总分
19110106110101	赵胤	1	74	125	81	198	478
19110106110103	王博文	2	106	133	116	220	575
19110106110104	杨晨	1	101	128	108	219	556
19110106110105	王牧	2	94	112	109	196	511
19110106110106	李猛	2	112	120	117	224	573
19110106110107	王玉赓	1	103	118	105	218	544
19110106110108	洪杨	2	105	122	116	202	545
19110106110109	冯蕾	3	94	109	91	211	505
19110106110110	戴宇程	2	96	113	113	220	542
19110106110112	李文一	1	91	85	111	189	476
19110106110113	王宇骞	3	122	139	135	239	635
19110106110114	郑佳航	2	106	133	129	220	588
19110106110115	殷雪静	1	104	128	118	234	584
19110106110116	高鄉	3	96	134	87	200	517
19110106110117	伏美凝	3	96	128	86	207	517
19110106110118	张紫瑶	1	99	116	115	202	532
19110106110119	孙霙韬	3	104	123	104	209	540
19110106110120	杨霙澜	2	116	128	116	234	594
19110106110121	朱静怡	3	125	139	117	241	622
19110106110122	郑欣悦	1	98	117	111	225	551
19110106110123	李响	3	104	93	110	185	492
19110106110124	张雅婷	2	109	129	109	240	587
19110106110125	单可艺	1	108	119	121	239	587
19110106110126	胡锦超	2	97	130	100	194	521

图 4-14　选中数据区域并进入“插入”选项卡

步骤 2：单击“数据透视表”图标，弹出“创建数据透视表”对话框，选择数据透视表的位置，如图 4-15 所示，单击下方的“确定”按钮。

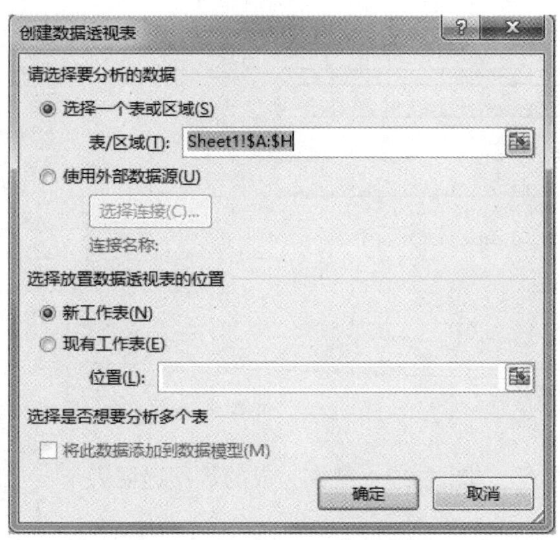

图 4–15　创建数据透视表

步骤 3：在界面上弹出“选择要添加到报表的字段”框后，用鼠标把“班级”拖到下面的“行”列表框中，把需要计算平均分的学科“语文”“数学”等拖到下面的“值”列表框中，并利用“值字段设置”对话框，把它们的“计算类型”设置为“平均值”，如图 4–16 所示。

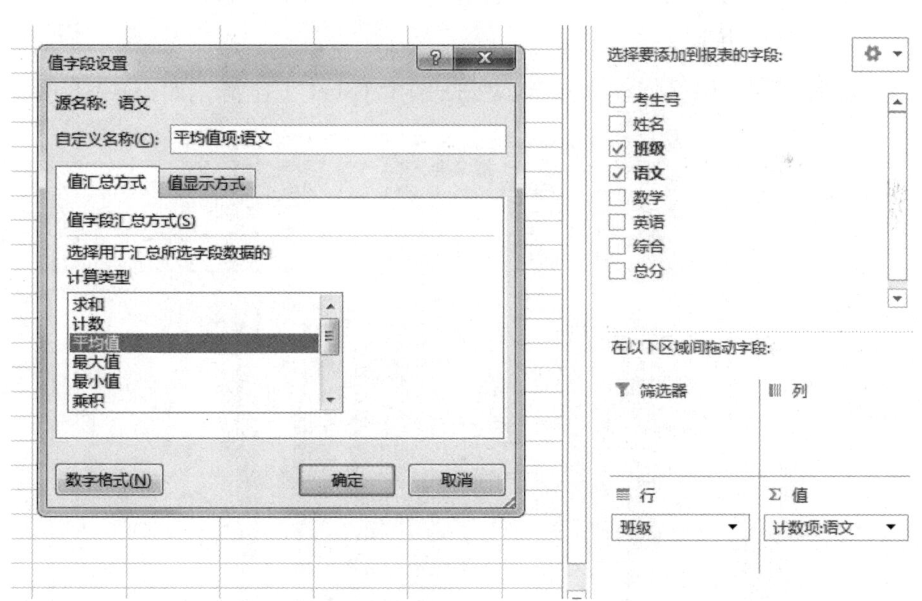

图 4–16　在“数据透视表”中设置行、值，并设置计算类型

步骤 4：单击“确定”按钮，完成数据透视表的制作，结果如图 4–17 所示。

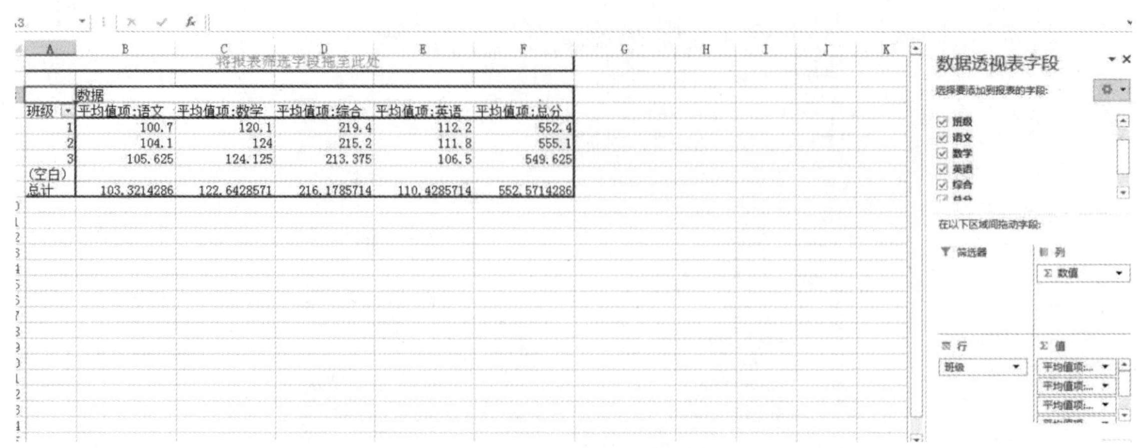

班级	平均值项:语文	平均值项:数学	平均值项:综合	平均值项:英语	平均值项:总分
1	100.7	120.1	219.4	112.2	552.4
2	104.1	124	215.2	111.8	555.1
3	105.625	124.125	213.375	106.5	549.625
(空白)					
总计	103.3214286	122.6428571	216.1785714	110.4285714	552.5714286

图 4–17　制作完成的数据透视表

以上叙述了部分操作技巧和相关步骤，教师应在平时使用过程中善于发现新的功能，掌握相关操作。

二、使用 Access 软件处理数据

可以借助 Access 软件（以下简称 Access）进一步提升处理数据的效率。

下面以某校高三年级期中考试语文、数学两科成绩为例，借助 Access 将两个 Excel 表格中的学生成绩快速合并到一个文件中。

步骤 1：准备好存有语文成绩和数学成绩的两个 Excel 工作簿，如图 4–18 所示。

考生号	姓名	语文
19110106110121	朱静怡	125
19110106110113	王宇骞	122
19110106110128	杨帆	117
19110106110120	杨雯灏	116
19110106110106	李猛	112
19110106110130	张译洋	112
19110106110124	张雅婷	109
19110106110125	单可艺	108
19110106110103	王博文	106
19110106110114	郑佳航	106
19110106110108	洪杨	105
19110106110115	殷雪静	104
19110106110119	孙雯韬	104
19110106110123	李响	104
19110106110129	杨雨晴	104
19110106110107	王玉康	103
19110106110104	杨晨	101
19110106110127	李欣宇	100
19110106110118	张紫瑶	99
19110106110122	郑欣悦	98
19110106110126	胡锦超	97
19110106110110	戴宇程	96
19110106110116	高鄢	96

	考生号	姓名	数学
2	19110106110113	王宇骞	139
3	19110106110121	朱静怡	139
4	19110106110128	杨帆	136
5	19110106110116	高鄢	134
6	19110106110103	王博文	133
7	19110106110114	郑佳航	133
8	19110106110126	胡锦超	130
9	19110106110124	张雅婷	129
10	19110106110130	张译洋	129
11	19110106110104	杨晨	128
12	19110106110115	殷雪静	128
13	19110106110117	伏美凝	128
14	19110106110120	杨雯灏	128
15	19110106110129	杨雨晴	128
16	19110106110101	赵岚	125
17	19110106110119	孙雯韬	123
18	19110106110108	洪杨	122
19	19110106110106	李猛	120
20	19110106110127	李欣宇	120
21	19110106110125	单可艺	119
22	19110106110107	王玉康	118
23	19110106110122	郑欣悦	117
24	19110106110118	张紫瑶	116

图 4–18　存有语文、数学成绩的两个 Excel 工作簿

步骤 2：将两个工作簿文件分别导入 Access 中，如图 4–19 所示。

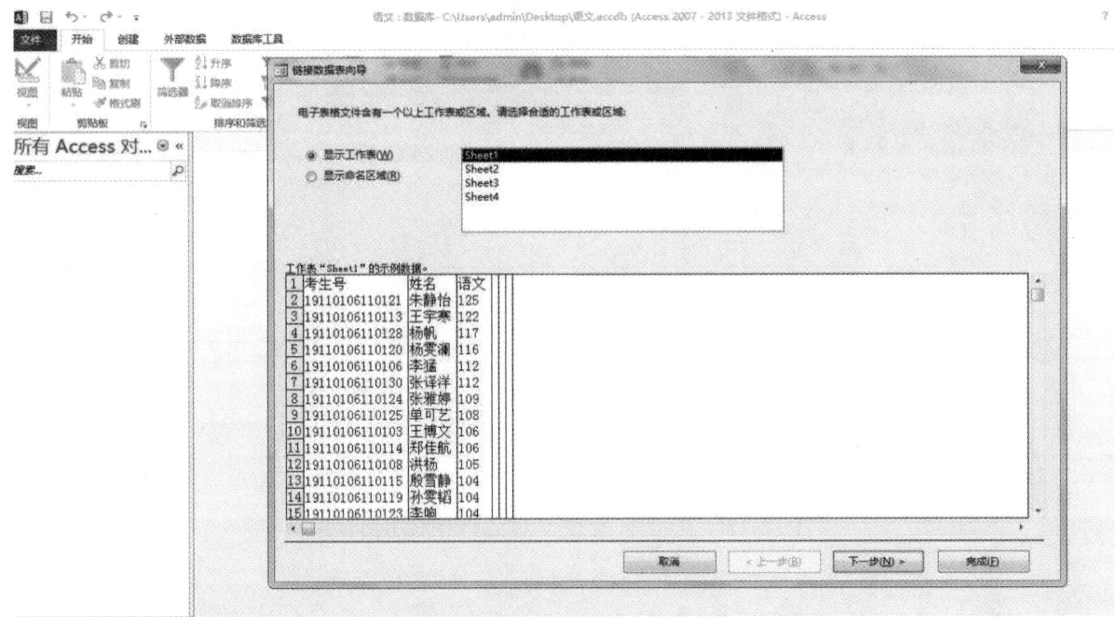

图 4–19　导入 Excel 文件

步骤 3：单击工具栏上的“创建”标签，进入“创建”选项卡，单击“查询设计”图标，如图 4–20 所示，创建一个“查询”。

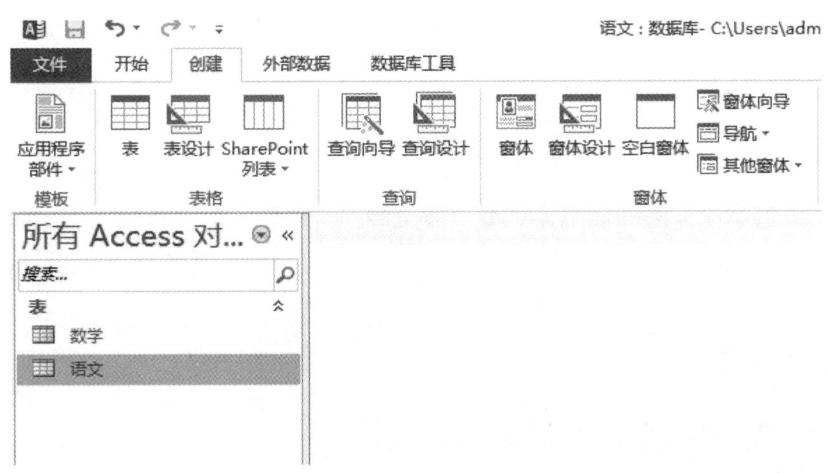

图 4–20　创建一个“查询”

步骤 4：同时选中左侧列表框中的“语文”“数学”两个文件，并将其逐一添加到“显示表”对话框中，如图 4–21 所示。

步骤 5：用拖拽鼠标的方法联接两个文件中共有的“考生号”，右击联接线，可修改联接属性，如图 4–22 所示。

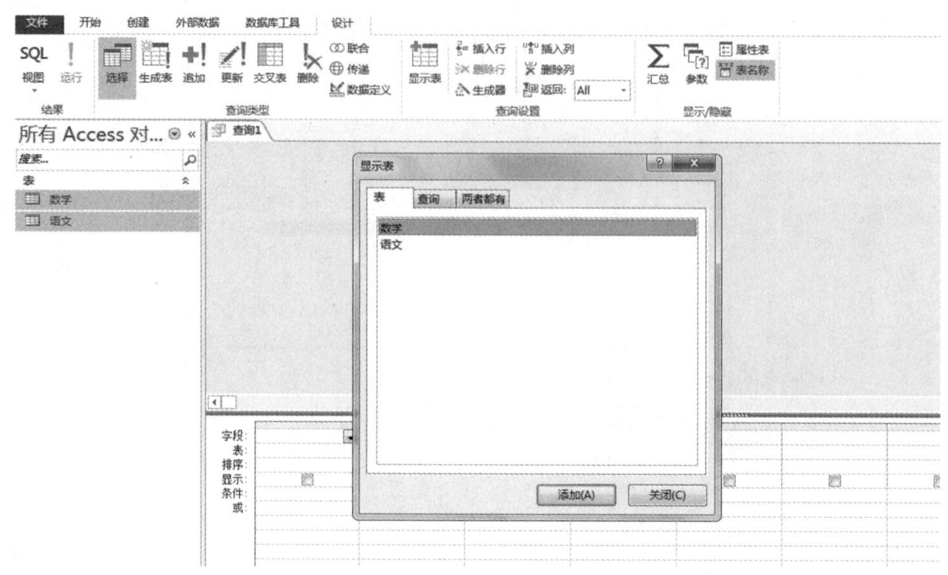

图 4–21　在“显示表”对话框中添加文件

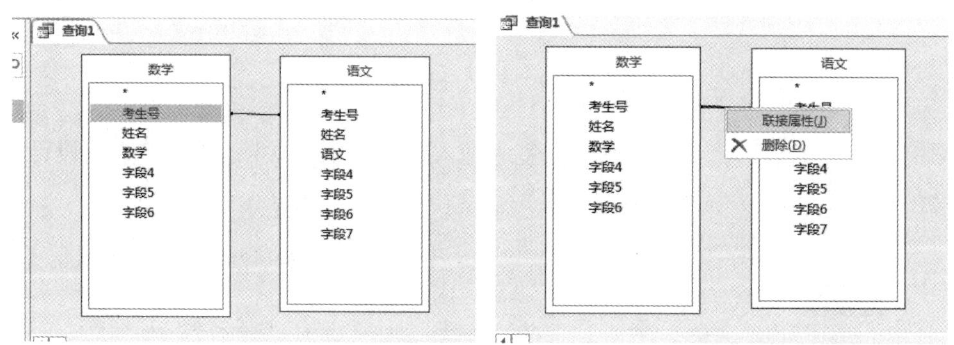

图 4–22　设置连接和修改联接属性

步骤 6：将想要保存的列信息，例如“考生号”“姓名”和“语文”（成绩）、“数学”（成绩）拖至下侧表格中，如图 4–23 所示。

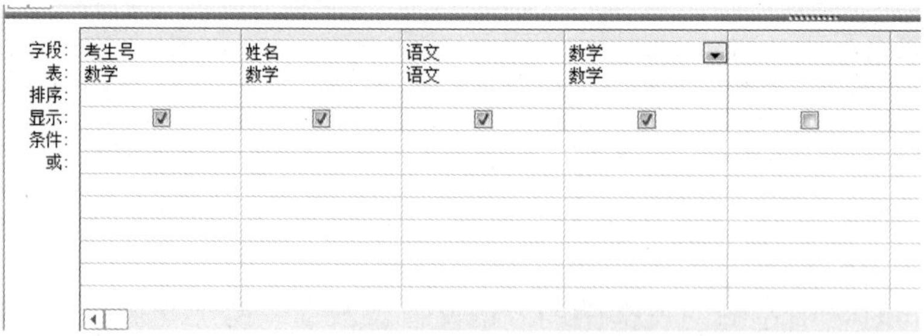

字段:	考生号	姓名	语文	数学	
表:	数学	数学	语文	数学	
排序:					
显示:	☑	☑	☑	☑	☐
条件:					
或:					

图 4–23　确定要保存的数据

步骤 7：单击图 4–24 所示的窗口左上角的“运行”按钮，即可得到合并后的文件。

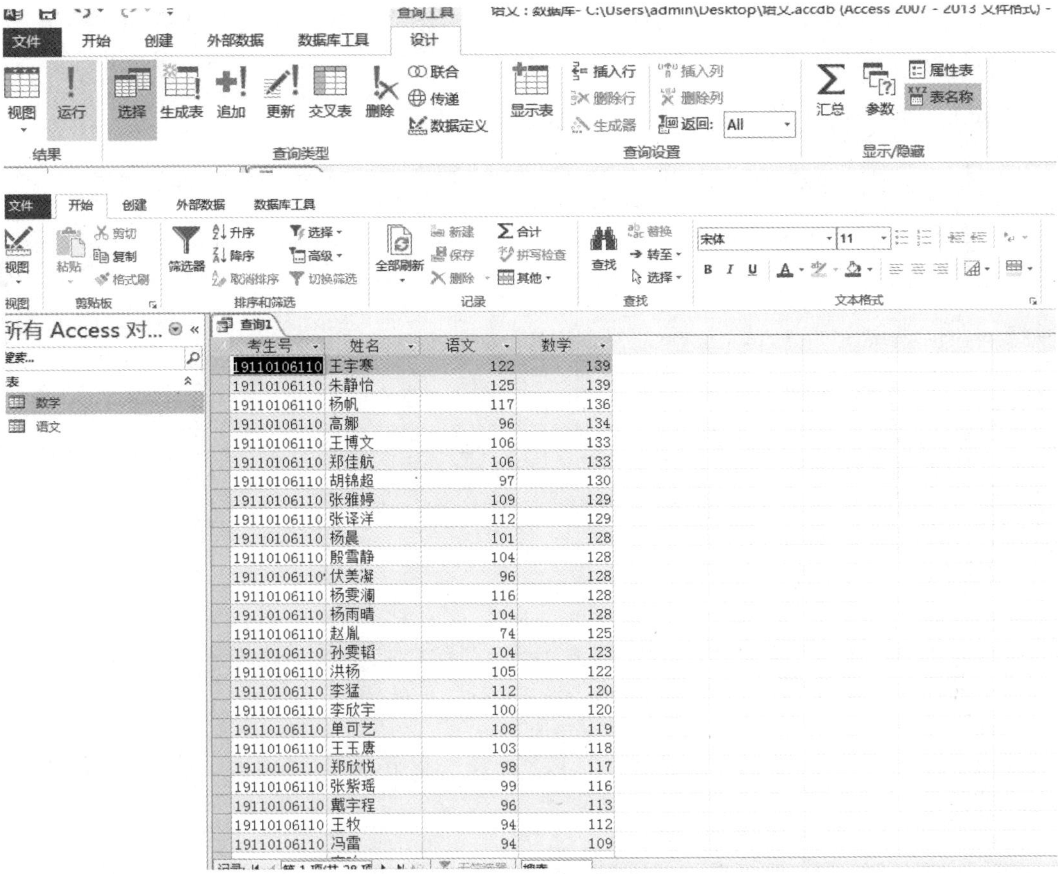
文件
开始
创建
外部数据
数据库工具
设计
视图
运行
选择
生成表
追加
更新
交叉表
删除
联合
传递
数据定义
显示表
插入行
删除行
生成器
插入列
删除列
返回:
All
汇总
参数
属性表
表名称
结果
查询类型
查询设置
显示/隐藏
升序
降序
取消排序
筛选器
选择
高级
切换筛选
全部刷新
新建
保存
删除
合计
拼写检查
其他
查找
替换
转至
选择
宋体
11
剪切
复制
格式刷
粘贴
剪贴板
排序和筛选
记录
文本格式
所有 Access 对...
表
数学
语文
查询1
考生号 姓名 语文 数学
19110106110 王宇寒 122 139
19110106110 朱静怡 125 139
19110106110 杨帆 117 136
19110106110 高娜 96 134
19110106110 王博文 106 133
19110106110 郑佳航 106 133
19110106110 胡锦超 97 130
19110106110 张雅婷 109 129
19110106110 张译洋 112 129
19110106110 杨晨 101 128
19110106110 殷雪静 104 128
19110106110 伏美凝 96 128
19110106110 杨雯澜 116 128
19110106110 杨雨晴 104 128
19110106110 赵胤 74 125
19110106110 孙雯韬 104 123
19110106110 洪杨 105 122
19110106110 李猛 112 120
19110106110 李欣宇 100 120
19110106110 单可艺 108 119
19110106110 王玉康 103 118
19110106110 郑欣悦 98 117
19110106110 张紫瑶 99 116
19110106110 戴宇程 96 113
19110106110 王牧 94 112
19110106110 冯雷 94 109

图 4–24 合并后的文件

步骤 8：单击“外部数据”按钮，选择要导出的文件类型，即可将生成的结果导出为指定类型的文件，如图 4–25 所示。

文件
开始
创建
外部数据
数据库工具
已保存的导入
链接表管理器
Excel
Access
ODBC 数据库
文本文件
XML 文件
其他
已保存的导出
Excel
文本文件
XML 文件
PDF 或 XPS
电子邮件
Access
Word 合并
其他
导入并链接
导出

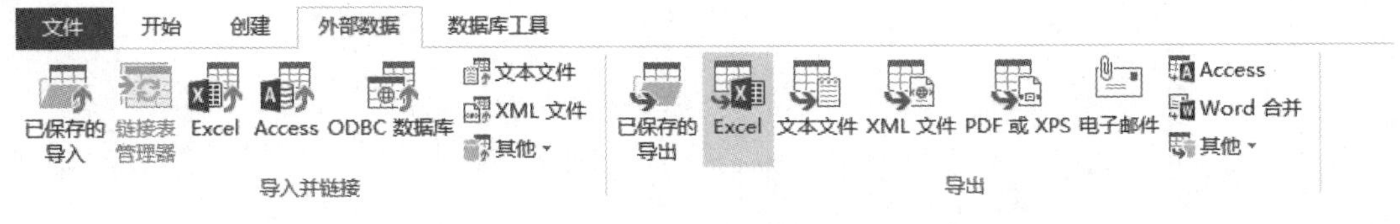

图 4–25 导出文件

三、使用 SPSS 软件处理数据

SPSS 软件（以下简称 SPSS）的基本功能包括数据管理、统计分析、图表分析、输出管理等。用 SPSS 进行统计分析的过程包括描述性统计、均值比较、一般线性模型、相关分析、回归分析等，SPSS 中包含专门的绘图系统，可以根据数据绘制各种图形。SPSS 易学易用，可以直接读取 Excel 文件和 DBF 文件，分析结果清晰、直观，是应用较为广泛的一款统计软件，有统计基础的教师可以用 SPSS 进行简单的数据分析。

下面以某高三年级期中考试为例，利用 SPSS 对语文、数学、英语学科的成绩进行描述性统计分析。

步骤 1：在 SPSS 中导入 Excel 文件，如图 4–26 所示。

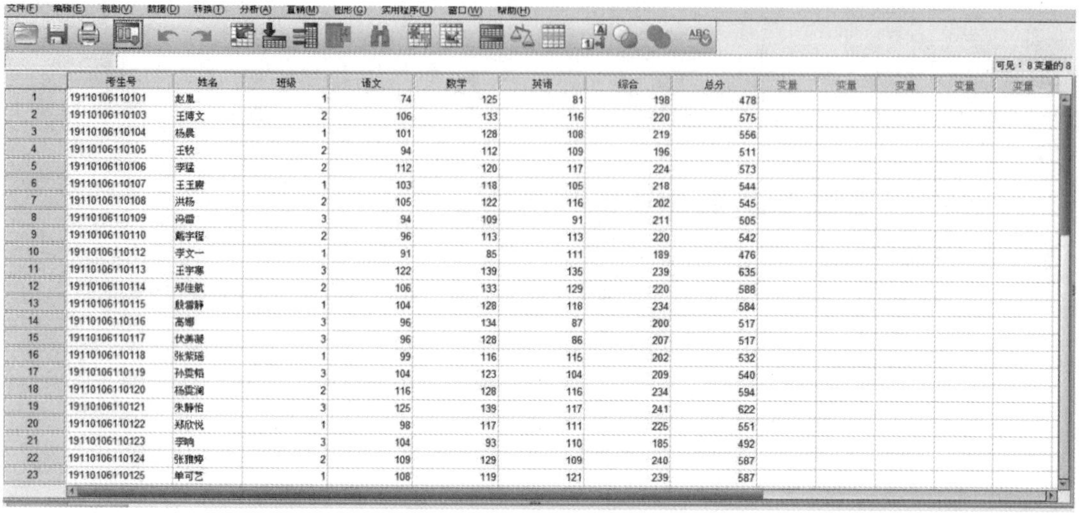

	考生号	姓名	班级	语文	数学	英语	综合	总分
1	19110106110101	赵凰	1	74	125	81	198	478
2	19110106110103	王博文	2	106	133	116	220	575
3	19110106110104	杨晨	1	101	128	108	219	556
4	19110106110105	王钦	2	94	112	109	196	511
5	19110106110106	李猛	2	112	120	117	224	573
6	19110106110107	王玉庚	1	103	118	105	218	544
7	19110106110108	洪杨	2	105	122	116	202	545
8	19110106110109	冯雷	3	94	109	91	211	505
9	19110106110110	戴宇程	2	96	113	113	220	542
10	19110106110112	李文一	1	91	85	111	189	476
11	19110106110113	王宇寒	3	122	139	135	239	635
12	19110106110114	郑佳航	2	106	133	129	220	588
13	19110106110115	殷镭静	1	104	128	118	234	584
14	19110106110116	高娜	3	96	134	87	200	517
15	19110106110117	伏美凝	3	96	128	86	207	517
16	19110106110118	张紫瑶	1	99	116	115	202	532
17	19110106110119	孙雯韬	3	104	123	104	209	540
18	19110106110120	杨震澜	2	116	128	116	234	594
19	19110106110121	朱静怡	3	125	139	117	241	622
20	19110106110122	郑欣悦	1	98	117	111	225	551
21	19110106110123	李响	3	104	93	110	185	492
22	19110106110124	张雅婷	2	109	129	109	240	587
23	19110106110125	单可艺	1	108	119	121	239	587

图 4–26　导入 Excel 文件

步骤 2：执行“分析”→“描述统计”→“描述”菜单命令，如图 4–27 所示，弹出“描述性”对话框。

图 4–27　执行“分析”→“描述统计”→“描述”菜单命令

步骤 3：在“描述性”对话框右边的变量列表中单击相关变量，单击对话框中间的“箭头”按钮，选择左边的待计算的变量，如图 4–28 所示。

步骤 4：单击“选项”按钮，打开“描述 选项”对话框，选中“标准差”“方差”“最小值”“最大值”等选项然后单击“继续”按钮，返回“描述性”对话框，如图 4–29 所示。

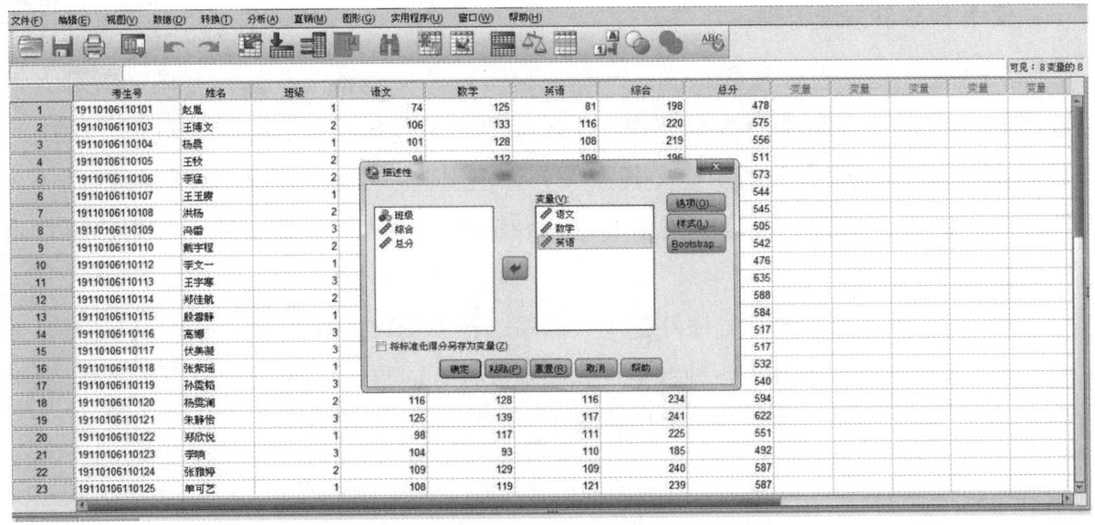

图 4–28　在“描述性”对话框中进行操作

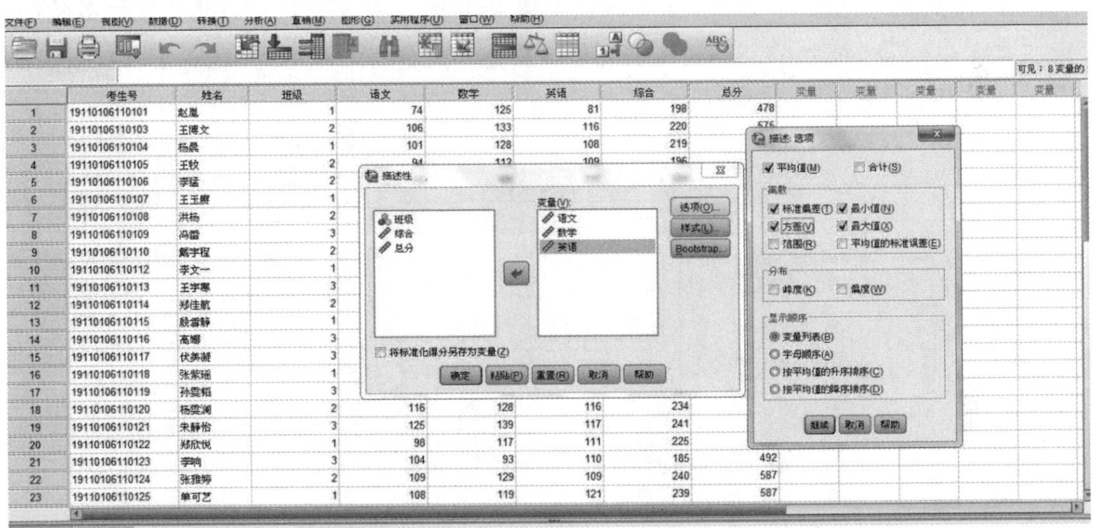

图 4–29　在“描述 选项”对话框中进行操作

步骤 5：单击“确定”按钮，即可得到分析结果，如图 4–30 所示。

➜ 描述性統計資料

[数据集1]

描述性統計資料

	N	最小值	最大值	平均數	標準偏差	變異數
语文	28	74	125	103.32	10.256	105.189
数学	28	85	139	122.64	12.404	153.868
英语	28	81	135	110.43	13.547	183.513
有效的 N (listwise)	28					

图 4–30　分析结果

4. 使用 R 软件处理数据

R 软件是一套完整的数据处理、计算和制图软件，具备一些编程基础的教师，可以选用 R 软件进行更高阶的数据处理。R 软件的功能包括：数据存储和处理、数组运算（其向量、矩阵运算方面的功能尤其强大），完整连贯的统计分析，优秀的统计制图，简便而强大的编程语言，可操纵数据的输入和输出，可实现分支、循环和用户可自定义的功能。

R 软件除提供了若干统计程序和指定数据库、若干参数后便可进行统计分析之外，还提供了一些集成的统计工具、各种数学计算和统计计算函数，从而使用户可以灵活、机动地分析数据，甚至可以创造出符合使用者需要的新的统计计算方法。

本章内容小结

本章介绍数据种类和统计分类（知识检查点 4-1），介绍常见的统计量和统计图表（知识检查点 4-2），介绍 Excel、SPSS、Access 等数据处理软件的基本功能（能力里程碑 1-1）。

本章内容的思维导图如图 4-31 所示。

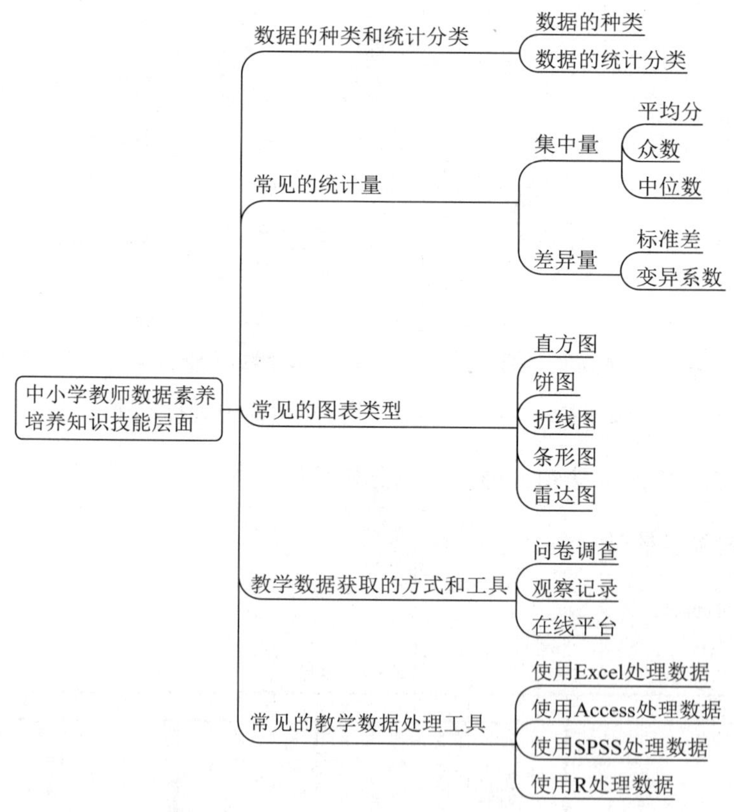

图 4-31　思维导图

自主活动：数据的种类和统计分类

请学习者在学习完本章内容后，进行自我反思，并记录个人学习心得。

小组活动：数据处理过程中遇到的问题有哪些

请学习者围绕本章的学习主题进行组内交流，并做好小组学习记录。

评价活动：评价本章知识与能力学习水平

一、名词解释

度量数据（知识检查 4-1）
标准差（知识检查点 4-2）
变异系数（知识检查点 4-2）

二、简述题

1. 平均数、中位数和众数的含义是什么？请说说它们三者的特点（知识检查点 4-2）。
2. 获取数据的方式有哪几种（能力里程碑 4-1）？

三、实践项目

在计算机上使用 Excel、Access 和 SPSS 软件，掌握它们的基本操作（能力里程碑 4-2）。

第五章　中小学教师数据素养培养——教学实践层面

本章学习目标

在本章的学习中，要努力达到如下目标：

◆ 了解获取数据的几种途径和技巧（知识检查点 5-1）。

◆ 了解几种常用的统计方法（知识检查点 5-2）。

◆ 掌握常用的搜索方法（能力里程碑 5-1）。

本章核心问题

中小学教师如何培养数据获取能力？中小学教师如何培养数据处理能力？中小学教师如何培养数据评估能力？

本章内容结构

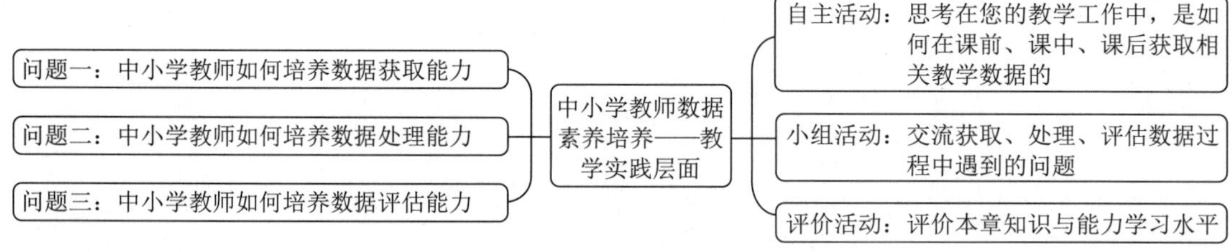

引　言

教学工作实践性很强，使用数据实施教学的能力最终要落实到提升教师的教学技能。教师数据素养是对数据知识和技能的应用，即教学数据获取、教学数据处理以及教学数据分析与评估的能力。

大数据在教育教学中的广泛应用，为管控教学质量提供了重要的手段和依据。如何在大数据环境下及时、准确地获取学情数据并进行分析和评估，对教师提出了新的挑战。

问题一：中小学教师如何培养数据获取能力？

一、从可访问的数据源中获取数据

对于可以从已有的数据源中获取的数据，教师应掌握一些实用的检索技巧，提高利用网络平台与工具查询、获取数据的能力。

在使用搜索引擎搜索资源时，除利用关键词搜索外，还可以借助高级搜索指令，快速、准确地搜索到所需要的信息。

1. 用多种方法进行全文搜索

使用百度支持的高级搜索指令 filetype，可以搜索特定文件格式的资源。例如，在搜索栏中输入“filetype:pdf 数据素养”，返回的结果是该数据库中包含关键词“数据素养”的所有 pdf 文件。用“数据素养”和用“filetype:pdf 数据素养”搜索结果的对比，如图 5–1 所示。

图 5–1　用“数据素养”和用“filetype:pdf 数据素养”搜索结果的对比

需要注意的是，所有的高级搜索指令都必须在英文状态下输入。表 5–1 为常用高级搜索指令。

表 5-1　常用高级搜索指令

高级搜索指令	作　用	举　例
“”（双引号）	表示完全匹配搜索，把搜索词放在双引号中，返回的页面包含双引号中出现的所有的词，连顺序也完全匹配	如：“教师数据素养” 返回的结果是包含“教师数据素养”的所有页面

续表

高级搜索指令	作　用	举　例
–（减号）	搜索不包含减号后面的词的页面。使用这个指令时减号前面必须包含空格，减号后面没有空格，紧跟着需要排除的词	如：北京交通大学 -理学院 返回的结果里只包含“北京交通大学”而不包含“理学院”
intitle:	搜索标题中包含关键词的页面	如：intitle: 教师数据素养 返回的结果是标题中所有含有“教师数据素养”的页面
flietype:	搜索指定文件格式	如：filetype:pdf 教师数据素养 返回的结果是包含关键词“教师数据素养”的所有 pdf 文件
site:	搜索某个指定网站内的所有相关文件，可与“”（双引号）指令结合使用	如：site:www.edu.cn “教师数据素养” 返回的结果是在域名 www.edu.cn 下包含“教师数据素养”的所有页面

2. 使用分类目录搜索

如果被搜索的资料目标不明确，可以选择使用分类目录搜索的方法。分类目录对网站信息进行系统的分类整理，提供一个按类别编排的网站目录。在每类目录中，排列着属于这一类别的网站站名、网址链接、内容提要及子分类目录。

使用分类目录进行搜索时，可在分类目录中逐级浏览相关的网站，或通过分类目录提供的交叉索引，在相关的目录之间跳转和浏览，如图 5–2 所示。

图 5–2　使用分类目录搜索

3. 变换引擎搜索

使用同一关键词在不同的搜索引擎中搜索的结果不完全一致。所以当用合适的关键词无法找到想要的资源时，可以尝试“变换引擎搜索法”，不同的搜索引擎在算法上存在一定差异，相应的搜索结果也会有所不同。

目前，许多网站上都有比较丰富的教育数据，但这些来自网络的教育数据大多已经被多次转载加工，干扰信息多、分辨率低、信息模糊、真实性不确定，有时甚至根本下载不到，更没有一个专门可下载的数据系统。因此，教师在通过互联网、学术论坛或教育期刊等途径获取有关数据后，要即时、高效地对数据进行正确处理，并适当整合到课堂教学中。教育数据的数据量大，更新速度极快，教师需要合理储存相关数据，定期对教育数据进行筛选和调整。

二、利用量表和工具采集数据

对于不能直接从现有数据源中获取的数据，一方面，教师可以设计适当的教学模式或教育评估方式科学、规范地获取数据，如设计学习评价量表、观察学生的相关行为并进行记录等；另一方面，教师要具备选择和使用适当的数据采集工具的能力，对学生的课堂表现加以量化。常见的数据采集工具有录音笔、录像机、监控设备、高拍仪和教学管理系统等，也有以教育机器人、物联感知系统和智能穿戴设备为代表的新型数据采集工具。教师要知道，对于不同的教育数据，需使用不同的采集方式和工具。

例如，可以通过设计评价量表，结合评价量表观察学生的行为，记录学生的表现，有目的地获取科学、准确的数据，从宏观与微观层面对评价对象进行数据分析。

问卷调查是常用的数据获取方式之一。在实际教学中，可以通过问卷星等工具设计课堂教学评价表，利用在线问卷获取数据，教师可以结合反馈的数据调整教学。

问题二：中小学教师如何培养数据处理能力？

教育数据处理能力包括教育数据分析能力和教育数据解读能力。教育数据分析能力是指教师使用合适的统计工具，应用一系列分析方法处理数据，从而将教育数据转化为对教学有帮助的信息的能力。教育数据解读能力是指教师能够从教学的角度解读各种数据、图表和报告，把教育数据和教学联系到一起。

要对数据进行分析和解读，就要了解各种常规统计量的含义和各种常规统计方法。大多数教师只会计算数据的均值、百分比、最小值和最大值等，而极少对数据做进一步处理，如相关分析、方差分析和回归分析等。实际上，前者的数据结果只能供教师了解大体情况，后者才能真正揭示教与学的关联度和差异度，为教师改进教学提供数据支持。

一、理解常见统计量的含义

1. 平均分相同的情况下，利用标准差如何确定教学策略？

表 5–2 和表 5–3 分别是某学校某次统一练习中两个班级的语文考试成绩。

表 5-2　A 班语文考试成绩

90	93	65	71	78	90	93	18	71	78
88	81	88	96	86	88	81	88	96	86

表 5-3　B 班语文考试成绩

87	80	72	74	79	87	80	72	74	91
61	82	94	86	85	61	100	99	97	85

经过计算得到 A、B 两个班的平均分和标准差，如表 5–4 所示。

表 5-4　平均分和标准差

序号	班级	平均分	标准差
1	A 班	81.8	18.2
2	B 班	81.8	9.48

从表 5–4 可知，两个班级的平均分相同，A 班语文成绩的标准差为 18.2，B 班语文成绩的标准差为 9.48，B 班的标准差明显低于 A 班。作为语文教师，如果给你一次选择的机会，你愿意教 A 班，还是教 B 班？

标准差是表示一组数据离散程度的最好指标，其值越大，说明数据分布的离散程度越大；其值越小，说明数据越集中，数据分布的离散程度越小。

A、B 两个班的平均分相同，B 班标准差低于 A 班，由此可以看出，A 班成绩存在两极分化现象，高分和低分学生多；而 B 班成绩相对集中，高分和低分学生少，对两个班级需要采取不同的策略进行教学。因此，教师可以根据自己擅长的教学方式选择班级，例如，如果教师更擅长分层教学，希望培养出高分考生，则可以选择 A 班。

不能仅仅根据标准差的大小评判班级学习效果，在实际教学中，应该根据数据所反映出来的问题，调整教学策略，以期提升教学质量。

2. 不同学科的成绩可以直接进行比较吗？

表 5–5 为某学校期中考试一名学生的两科成绩。

表 5-5　学生成绩单

学校	姓名	语文	数学
XX 中	***	90	88

从数据来看，语文成绩高于数学成绩。但是对语文成绩和数学成绩可以直接进行比较吗？（班级的语文平均分 85，标准差 3；数学平均分 84，标准差 2。）

有了均值和标准差之后，可以计算出一组数据中各个数值的标准分，得到每个数据在该组数据中的相对位置，还可以用来判断一组数据是否存在异常值。

下面是标准分的计算公式，假设某位学生的考试成绩为 x，班级平均分为 $\bar{x}$，方差为 s，那么标准分 $z=\dfrac{x-\bar{x}}{s}$ 。

由表 5–5 可知，该学生的语文原始分为 90 分，数学原始分为 88 分。从原始分看，语文成绩优于数学成绩，并且两科成绩均位于班级的平均水平之上，难以比较。从标准分的角度衡量，其数学标准分为 2 分，表明数学成绩高于平均分的差是标准差的 2 倍，而语文标准分为 1.67 分，表明语文成绩高于平均分的差为标准差的 1.67 倍，因此站在全班的角度上说，数学成绩优于语文成绩。

原始分只能反映学生作答正确的程度。不同的学科，由于试题难易程度不同，各学科的分数价值也就不同。原始分一般不能直接反映出一个班级中学生间的差异状况，不能体现出不同学生相互比较后在班级中所处的位置。因此，不同学科的原始分不具备可比性。但是不同学科的标准分是可比的。

标准分是一种由原始分推导出来的相对数据，它说明原始分在所处群体中的相对位置，标准分提供了一种对不同数据集的数据进行比较的办法。

3. 语文和理科综合（物理 + 化学 + 生物）成绩的标准差能直接进行比较吗？

表 5–6 是某中学若干学生的高考成绩单。

表 5-6　高考成绩单

学　校	考　号	语　文	数　学	英　语	理　综
XX 中	01	116	148	131	295
XX 中	02	125.5	136	141	273.5
XX 中	04	110.5	145	125	270
XX 中	06	111	146	140	291
XX 中	07	106	133	127	277
XX 中	09	99	137	137	282
XX 中	10	119	140	133	284
XX 中	11	125	144	141	291.5
XX 中	13	122	131	131.5	284
XX 中	14	120.5	132	145.5	292.5
XX 中	15	106	130	129	266
XX 中	16	105.5	125	133	256.5

续表

学　校	考　号	语　文	数　学	英　语	理　综
XX 中	17	101	144	125.5	289
XX 中	18	107.5	137	131	291
XX 中	20	116.5	140	126	285.5
XX 中	21	106	140	143.5	278
XX 中	22	112	145	126	285.5

通过表 5–6 计算得到，语文成绩的标准差为 7.94，数学成绩的标准差为 6.38，英语成绩的标准差为 6.59，理综（物理 + 化学 + 生物）成绩的标准差为 10.22。如果将语文和理综的标准差直接比较，就会得出理综标准差大，因此离散程度也大的结论。

但是，当需要比较两组数据离散程度大小的时候，如果两组数据的测量尺度相差太大或数据量纲不同，直接使用标准差来进行比较就不合适了。这时，为了消除测量尺度和量纲的影响，就需要用到变异系数了。

变异系数是衡量数据变异程度的另一个统计量。变异系数没有量纲，可以进行客观比较。当对两个或多个资料的变异程度进行比较时，如果度量单位与平均数相同，可以直接利用标准差来比较；如果度量单位和（或）平均数不同，比较其变异程度就不能采用标准差，而需采用标准差与平均数的比值（相对值）来比较。使用变异系数，可以消除单位和（或）平均数不同对两个或多个资料变异程度比较的影响。

对表 5–6 中的语文和理综成绩，不能用标准差直接进行比较，但是可以用变异系数进行比较，更准确地分析两个成绩的波动性。

二、常见的统计方法

平均数、众数、中位数和标准差等统计量是对单个变量进行描述的特征量。若需要对两个变量之间的关系进行描述，则需要考虑用相关量。例如，描述同一组学生两门学科成绩的关系、智力与学习成绩的关系、某一试题的得分与试卷总分之间的关系等，都需要用相关量来描述。

1. 相关分析

两个变量之间不精确、不稳定的变化关系称为相关关系。它与函数关系的区别就在于两个变量值不是按同一种规律变化的。

从变化方向来看，两个变量之间有以下几种关系。

（1）正相关

如果两个变量值的变化方向一致，即一个变量的值变大时，另一个变量的值也随之变大；一个变量值变小时，另一个变量值也随之变小，那么这两个变量之间的关系称为正相关。例如，在非智力因素基本相同的情况下，智商与学习成绩正相关。

（2）负相关

两个变量值的变化方向相反，即一个变量值变大时，另一个变量值随之变小；一个变量值变小时，另一个变量值随之变大，那么这两个变量之间的关系称为负相关。例如，解题能力（得分）与解题所用时间的长短呈负相关关系。

（3）零相关

两个变量值的变化无一定规律，即一个变量值变大时，另一个变量值可能变大也可能变小，并且变大、变小的机会基本相等，那么这两个变量之间的关系称为零相关，即两者之间无相关关系。

从密切程度来看，无论两个变量的变化方向是否一致，密切程度高的称为强相关或高度相关，密切程度一般的称为中度相关，密切程度弱的称为弱相关或低度相关。

用来描述两个变量之间变化方向及密切程度的数字特征量称为相关系数。一般用 r 表示，相关系数的数值范围是在 –1 到 +1 之间，

例如，我们想要研究学生的基础成绩差异对后续的学习成绩是否有影响。随机抽取了 49 个样本，这些学生的入学成绩与毕业成绩如图 5–3 所示，通过对比可以发现，从总体趋势来看，入学成绩高，毕业成绩相对就高；入学成绩低，毕业成绩相对就低，说明学生的基础差异对毕业成绩是有影响的。

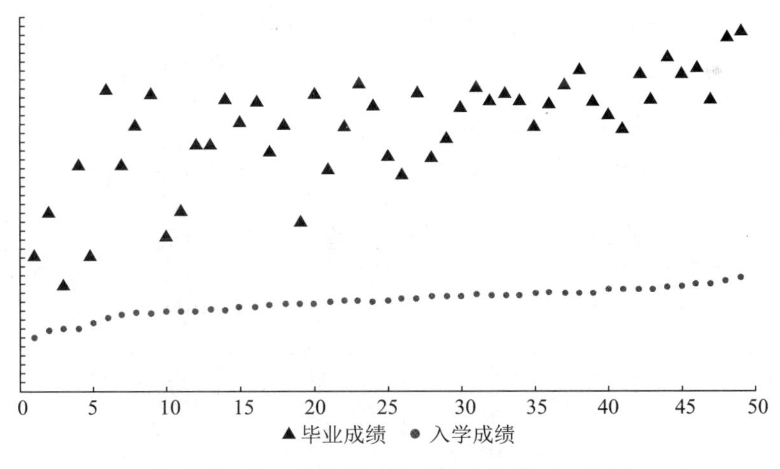

图 5–3 入学成绩与毕业成绩对比图

用横轴表示入学成绩，用纵轴表示毕业成绩，得到的散点图如图 5–4 所示。可以看出，入学成绩与毕业成绩存在相关关系。

经过计算，得到入学成绩与毕业成绩之间的相关系数为 0.739，进一步证明了入学成绩与毕业成绩存在正向相关关系。

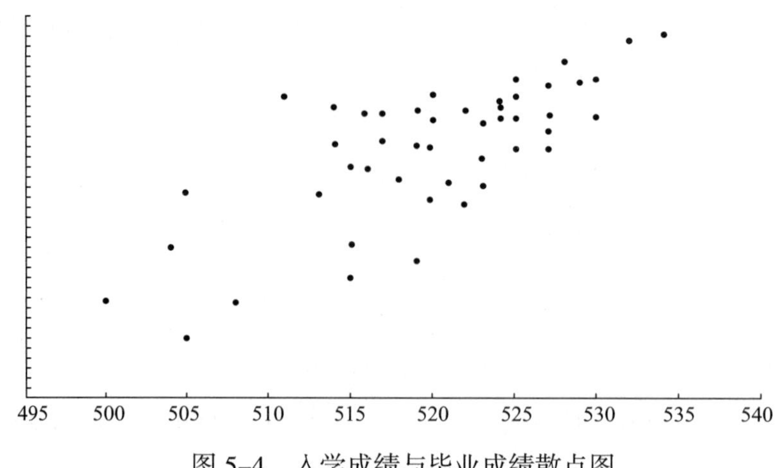

图 5-4　入学成绩与毕业成绩散点图

2. 方差分析

教育测量研究中，经常需要对各个学校的测试结果进行比较，看不同学校之间的测试结果是否有差异。例如，某次考试结束后，比较几个学校考试总分的平均值，或比较几个学校单科成绩的平均分。从统计学的角度看，这种比较是对多个总体的同一变量的平均值进行比较，经常采用的方法是方差分析，它的基本功能就在于对多组平均数差异的显著性进行检验。

方差是一个表示变异程度的量，方差分析的基本思想是把所有观测数据分成几个组，分析数据中不同来源的变异对总体变异的影响大小，从而确定自变量对因变量的影响是否显著。

根据所考察的因素个数，方差分析可分为单因素方差分析和多因素方差分析。例如，我们在区级考试分析中通常只考虑学校因素对考试成绩的影响，因此，可选用单因素方差分析。单因素方差分析中有三个基本假定：一是每个总体都应服从正态分布；二是各个总体的方差必须相同；三是观测值是独立的。

下面以 12 所学校某次英语成绩为例对方差分析进行说明，英语成绩如表 5-7 所示。

表 5-7　2010 年某区高考理科英语成绩表

学校编号	1	2	3	...	12
高考成绩	y_1	y_2	y_3	…	y_{12}
1	103	122	111		56
2	98	131	70		72
3	94	108	99		72
⋮	⋮	⋮	⋮	⋮	⋮
m	70	109	94	…	47
样本量 ni	205	326	178	…	92
平均成绩 $\overline{y}_i$	75.22	104.83	76.57	…	50.32
标准差 s_i	14.55	15.65	15.39	…	16.93

运用第四章中介绍的统计软件 SPSS 可以完成方差分析，计算结果如下。

（1）方差齐性检验

方差齐性检验用于检验各个总体的方差是否相同，只有通过方差齐性检验，才能进行方差分析。

表 5–8 为方差齐性检验结果，表中第四列为 *Sig.* 值，也称为 p 值，从显著性概率看，当 p 值大于 0.05 时，说明各组的方差在 0.05 水平上没有显著性差异，即方差具有齐性。表 5–8 中 p 值大于 0.05，可以认为各个总体的方差没有显著性差异，检验通过。

表 5-8 方差齐性检验

Levene Statistic	*df*1	*df*2	*Sig.*
1.136	11	1，552	0.329

（2）方差分析

表 5–9 为 SPSS 输出的单因素方差分析结果。

表 5-9 单因素方差分析（ANOVA）

差异来源	平方和	自由度	均方	*F*	*Sig.*
学校间	492350.92	11	44759.17	186.28	0.000
学校内	372912.12	1552	240.28		
总和	865263.04	1563			

由表 5–9 可知，Sig.<0.05，因此，在 α=0.05 显著性水平下，各学校理科生高考英语平均分有显著差异。

（3）多重比较

由于各学校高考理科英语平均分有显著差异，因此采用 S–N–K 法继续进行两两比较。

用 S–N–K 法进行两两比较，简单说，就是在表格的纵向上，将各组均值按大小排序，然后在表格的横向上分成若干个亚组，不同亚组间的 p 值小于 0.05，而同一亚组内各组均值比较的 p 值则大于 0.05。同一亚组内各个总体均值没有显著差异，不同亚组内各个总体的均值有显著差异，如图 5–10 所示。

表 5–10 S–N–K 法两两比较结果

理科英语						
Student-Newman-Keuls						
学校代码	样本量	Subset for alpha = .05				
		1	2	3	4	5
9	23	48.13				
11	52	50.13				
12	92	50.32				

续表

理科英语						
Student-Newman-Keuls						
学校代码	样本量	Subset for alpha = .05				
		1	2	3	4	5
4	15	54.40				
8	95	54.54				
7	90		62.08			
10	82		62.11			
6	165			72.49		
1	205			75.22		
3	178			76.57		
5	241				86.12	
2	326					104.83
Sig.		0.153	0.991	0.316	1.000	1.000
Means for groups in homogeneous subsets are displayed.						
a. Uses Harmonic Mean Sample Size = 60.652.						
b. The group sizes are unequal. The harmonic mean of the group sizes is used. Type I error levels are not guaranteed.						

通过两两比较，由表 5-10 可知，9、11、12、4、8 学校在同一个亚组内，它们之间的英语成绩没有显著差异。同理，7、10 学校之间的英语成绩没有显著差异；6、1、3 学校之间的英语成绩也没有显著差异。而 9、11、12、4、8 学校与 7、10、6、1、3、5、2 学校分别在不同的亚组内，它们的英语成绩有显著差异。同理，7、10 学校与 9、11、12、4、8、6、1、3、5、2 学校的英语成绩有显著差异；6、1、3 学校与 7、10、9、11、12、4、8、5、2 学校的英语成绩有显著差异；5 学校、2 学校与其他学校都有显著差异。

3. 回归分析

在日常教学科研中，经常通过某一个（或几个）变量的数值推断或估计另一个变量的值。如果把有相关关系的两个变量中的一个变量看作自变量，另一个变量看作因变量，并把两者之间的关系用数学方程式表达出来，就可以利用该方程，由自变量的值估计和预测因变量的值，这一过程称为回归分析。常见的回归分析有一元线性回归、二元线性回归和具有广泛应用背景的 logistic 回归分析。

下面以表 5-11 所示的某区 2019 届 1554 位学生的高考成绩和中考成绩为例，介绍一元线性回归分析在教学中的应用。

表 5-11　某区 2019 届中考和高考成绩

	高考成绩 Y	中考成绩 X
1	711	533
2	634	507

续表

	高考成绩 Y	中考成绩 X
3	652	527
⋮	⋮	⋮
1554	270	429

用中考成绩 X 为自变量，用高考成绩 Y 为因变量，对它们进行回归分析。使用第四章中介绍的统计软件 SPSS 可以完成线性回归分析，计算结果如下。

（1）通过表 5–12 所示的模型摘要，判断模型拟合效果。

表 5-12　模型摘要

模型	R	R 方	调整 R 方	标准估计的误差	Durbin-Watson
1	.791[a]	.626	.626	50.636	1.175

表 5–12 中的第 3 列 R 方为判定系数，它是判定线性方程拟合程度的重要指标，一般认为需要大于 60%，从表 5–12 可知，该值为 0.626，初步判断模型拟合效果良好。

（2）进行方差分析，结果如表 5–13 所示。

表 5-13　方差分析

模型		平方和	df	平均值平方	F	显著性
1	回归	6662906.479	1	6662906.479	2598.587	.000[b]
	残差	3979405.403	1552	2564.050		
	总计	10642311.882	1553			

表 5–13 显示方差分析的显著性值为 0.000，它小于 0.001，表示用自变量 X 和因变量 Y 建立的线性回归模型具有极显著的统计学意义。

（3）由表 5–14 给出的系数，建立回归方程。

表 5-14　系数[a]

模型		非标准化系数		标准化系数	t	显著性
		B	标准误	Beta		
1	（常量）	–578.660	21.665		–26.709	.000
	中考成绩	2.251	.044	.791	50.976	.000

从表 5–14 中读取非标准化系数，可以得到如下的回归方程表达式：

$$Y=-578.660+2.251X$$

由 t 检验可知，原假设回归系数没有意义；表 5–13 的最后一列显示，回归系数显著性值为 0.000，它小于 0.01，表明回归系数存在，中考成绩与高考成绩之间是正相关关系，而且关系极显著。

（4）进行残差分析。

由上述过程已经得出回归方程，接下来需要检验对相关数据是否可以进行回归分析，为此需要对残差进行分析。观察图 5–5 所示的标准化残差直方图，可以发现左右两侧基本对称，残差正态性结果较好，它说明对相关数据可以进行回归分析。

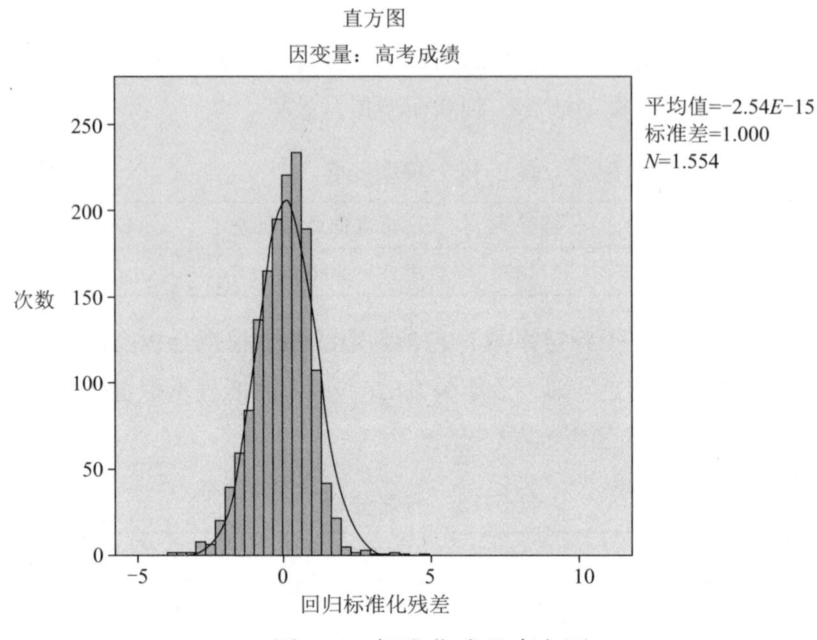

图 5–5　标准化残差直方图

（5）预测

经过上述步骤，建立了中考成绩和高考成绩之间的一元线性回归方程。在此基础上，就可以在已知学生中考成绩的情况下，对其高考成绩进行预测。

问题三：中小学教师如何培养数据评估能力？

开展多元化的教学评价能帮助教师提升教学质量，而数据是实施教学评价的重要依据。教学评价数据主要来源于教师与学习者的交互，包括学习结果数据、课堂行为记录数据和任务完成时间数据等。教师从中可以挖掘出学生的学习特点和优势，发现不足。同时，根据整体教学效果的反馈数据可以发现教学应该关注的重难点，以及教学内容和教学方式的不合理之处。在大数据背景下，教学数据类型多样，教师借助智慧课堂等平台，可以处理非结构化数据，鉴于各校软硬件配置不同，教师更多的还是基于成绩数据进行总结性评价。

一、整体教学效果评估

随着获取的数据越来越多，教师可以从学科、知识模块、认知水平和核心素养等多角度进行更加细致的分析评价。

下面举几个例子说明怎样根据数据对整体教学效果进行评价。

【例 1】以高中物理学科的一道单项选择题（满分为 3 分）及答题情况为例，评价学生对动量定理知识点的掌握情况。

题目：篮球运动员通常要伸出双手迎接传来的篮球。接球时，两手随球迅速收缩至胸前。这样做可以（　　）。

A. 减小球对手的冲量

B. 减小球对手的冲击力

C. 减小球对手的作用时间

D. 减小球的动量变化量

答题结果如表 5-15 所示。

表 5-15　第 9 题平均分及各选项选择统计

题号	知识点	平均分	难度	各选项选择比例			
9	动量定理（动量）	2.07	0.69	A：14.53%	B：68.86%	C：6.23%	D：10.38%

本题以运动员双手接篮球为背景，考查学生对动量定理的理解情况。传球和接球是打篮球的基本动作，学生学习动量定理后，应用所学物理知识分析生活中的现象，既能加深对物理概念和规律的理解，又能培养学生的实践应用能力。分析表 5-15 所示的答题情况可知，有 30% 以上的学生无法正确应用动量定理的知识分析“接球时，两手随篮球迅速收缩到胸前”的物理机理，部分学生无法区分“冲量”和“冲击力”的区别，对“动量的变化量”理解还待加强。

表 5-16 显示了全区各校第 9 题平均分统计结果。

表 5-16　全区各校第 9 题平均分统计

	第 9 题	
	平均分	难度
全区	2.07	0.69
学校 1	2.72	0.91
学校 2	2.13	0.71
学校 3	1.85	0.62
学校 4	2.05	0.68

续表

	第 9 题	
	平均分	难度
学校 5	2.19	0.73
学校 6	1.40	0.47
学校 7	2.22	0.74
学校 8	2.35	0.78
学校 9	1.66	0.55
学校 10	1.29	0.43
学校 11	1.00	0.33
学校 12	1.30	0.43
学校 13	2.14	0.71

从表 5-16 分析学校得分情况，有四所学校的得分率在 0.5 以下，而“学校 1”的得分率为 0.91，差异较大。分析这个表得到的教学建议是：教师在教学过程中应引导学生尝试用学到的物理知识分析现象和理解规律，突出物理学科的教育价值，让学生体会到物理有用、有趣。逐步实现“立理性思维之德，树独立思考之人”的育人目标。

【例 2】以表 5-17 所示的某校高二年级各科成绩为例，从学科、学生等多个角度出发，借助考试数据进行学科评价。

表 5-17 各学科平均分、标准差、标准分统计

3 班	平均分	标准差	标准分
语文	72.72	8.44	–0.18
数学	68.08	10.65	–0.27
英语	61.87	17.15	–0.29
化学	47.00	11.42	–0.30
生物	42.38	10.49	–0.19
政治	53.58	6.22	–0.31
历史	58.00	8.51	–0.23
地理	43.58	9.57	–0.35

通过计算，可以得到各学科标准分并绘制出雷达图，如图 5-6 所示，从该图中可以直观地看出各学科成绩之间的差距。

【例 3】图 5-7 为按分数段统计的某年级 3 班学生人数直方图及年级人数分布折线图，从图中可以看出，该班在 368 ～ 460 分数段的占比远高于该年级分数段的比例，而在 276 ～ 368 分数段和 460 ～ 552 分数段的占比低于该年级分数段的总占比，教师可以通过数据进一步分析原因，并确定后期教学方向和教学重点。

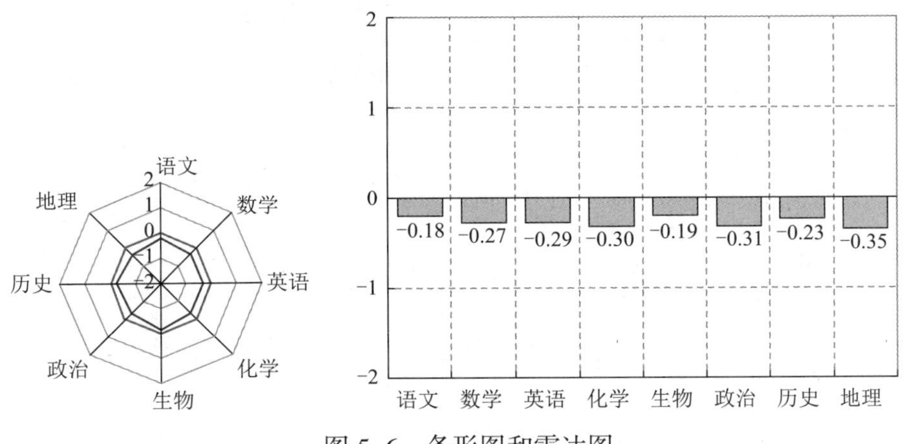

图 5-6　条形图和雷达图

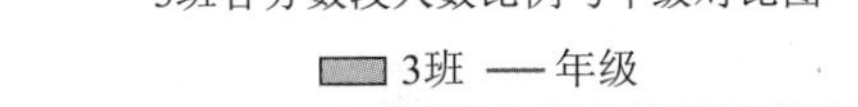

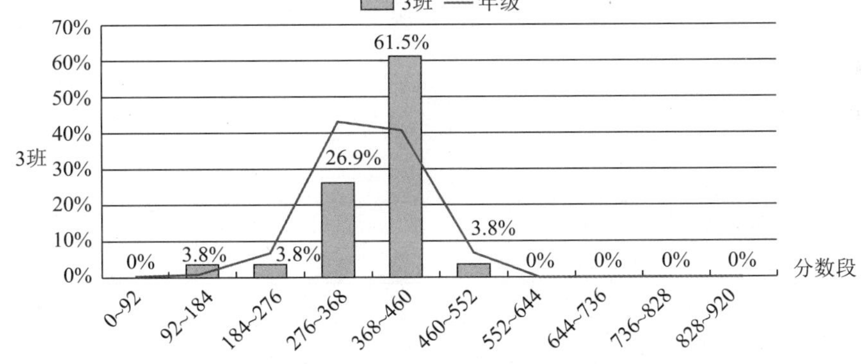

图 5-7　各分数段人数直方图及折线图

【例 4】根据表 5-18 和表 5-19，可以统计得出某班级高二下学期和高一下学期比较，进步和退步较多的学生排名，以此可以追踪学生两个学期排名的数据变化，及时发现问题。

表 5-18　总分名次进步幅度前 5 名学生

科　目	学　号	姓　名	高一上期末班级排名	高一下期末班级排名	高二上期末班级排名	高二下期末班级排名	班级排名进步量
总分	14168025	珊珊	19	19	10	5	14
	08031401	佳艺	3	14	4	1	13
	08032091	马哲	9	15	9	4	11
	08031069	王康	16	16	13	5	11
	08036112	李文	15	18	11	10	8

表 5-19　总分名次退步幅度前 5 名学生

科　目	学　号	姓　名	高一上期末班级排名	高一下期末班级排名	高二上期末班级排名	高二下期末班级排名	班级排名退步量
总分	08036454	雨晴	12	10	7	18	11
	08035131	佳晨	20	12	15	23	11
	08036457	学琳	5	2	4	11	9
	08031544	千北	6	3	8	9	6
	08031415	王浩	7	6	8	14	6

对于某一门课程的任课教师而言，可以通过相应的数据，分析班级整体的学业状况、班级及个人的学业成绩动态变化。结合试卷中各题目的命题意图及学生的各小题得分情况，发现学生卷面成绩和日常教学之间的联系，聚焦差异、发现问题，及时改进教学。

【例 5】图 5-8 是某试卷的分析图，柱状是班级各个分数段上的人数比例，折线是全年级在各分数段上的人数比例。

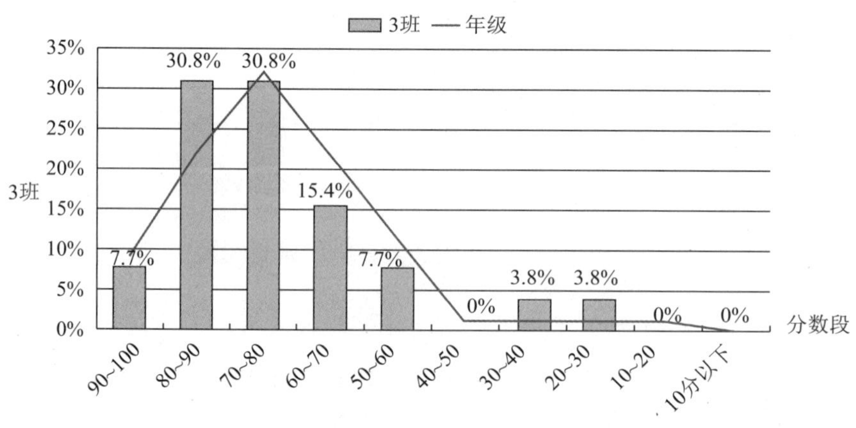

图 5-8　各分数段人数比例与年级对比图

教师可以通过图 5-10 了解本班学生在试卷上的得分情况，也可以与年级整体情况进行比较。

除从学科总分进行分析之外，还可以结合具体题目进行卷面统计分析，从小题、知识点、知识模块、各题型和学科能力等维度，对学生作答情况进行统计。通过同一维度上不同项目的年级得分率对比，以及班级得分率与年级差异对比，锁定教学中的重点和难点；通过展示各难度等级题目的学生答题情况，对每个学生的特点进行分析。

【例 6】表 5-20 和表 5-21 分别根据卷面试题属性信息，从知识板块、核心素养两个维度，对班级成绩与年级成绩进行对比分析，并根据这两个表分别画出图 5-9 和图 5-10，根据这些结果，可以找到学生知识点与能力点上的优势与不足。

表 5-20　按知识模块统计表

编　号	知识模块	分　数	年　级		3　班
			平均分	得分率	得分率
1	复数	8.00	7.45	93.2%	94.2%
2	不等式	21.00	17.76	84.6%	87.2%
3	数列	33.00	26.02	78.8%	78.5%
4	函数	38.00	20.58	54.2%	54.3%

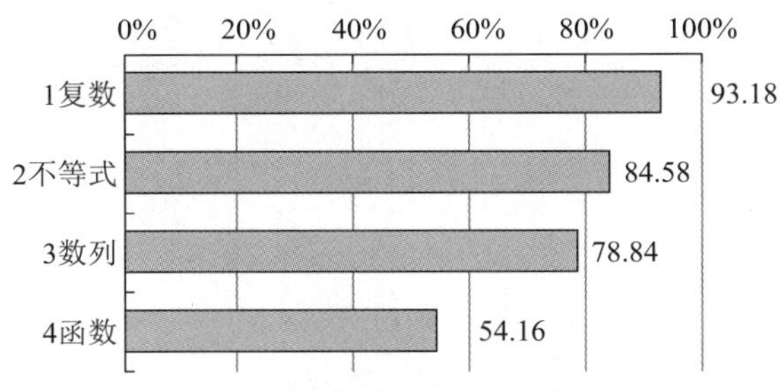

图 5-9　按知识模块统计图

表 5-21　按核心素养统计表

核心素养	分　数	年　级		3　班
		平均分	得分率	得分率
数学运算	70.00	52.59	75.1%	75.0%
逻辑推理	18.00	11.82	65.7%	65.4%
数学建模	8.00	5.18	64.8%	71.2%
直观想象	4.00	2.23	55.7%	61.5%

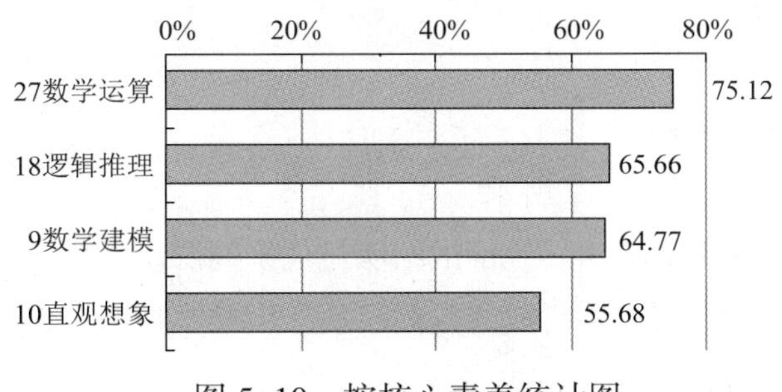

图 5-10　按核心素养统计图

【例 7】将试卷按难、中、易进行归类后，用条柱的方向和长度表示各班级各难度等级的得分率与年级平均得分率之差，如图 5-11 所示，通过这个图，教师可以看到学生在不同难度等级上的不同表现。

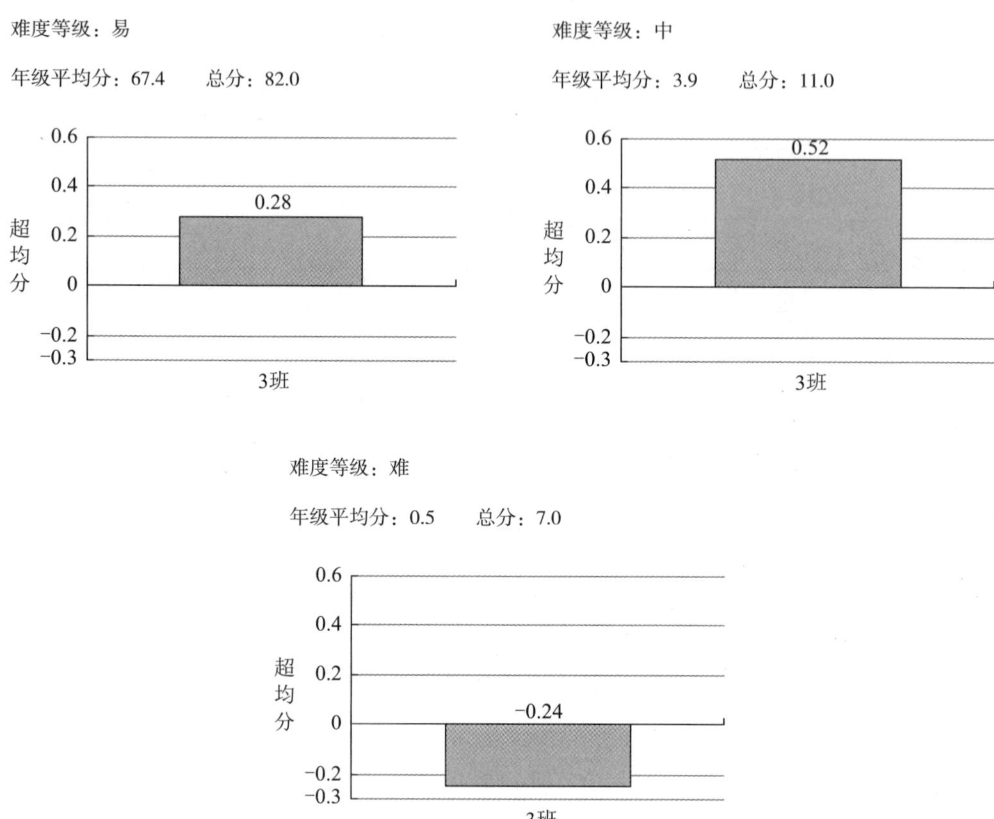

图 5-11　按核心试卷题目难度统计

二、个性化评估

教师可以对学生进行更精准的分析，挖掘优势，找出不足。下面以某位学生的成绩为例，进行分析。

1. 各科成绩对比

某学生各科成绩对比如图 5-12 所示。

从图中可以看出该学生的英语、政治成绩明显优于同层次学生，数学、生物、历史成绩则明显低于同层次学生，其余各科成绩与同层次学生基本持平。在后续学习中，需要稳固优势科目，重点关注弱势科目。

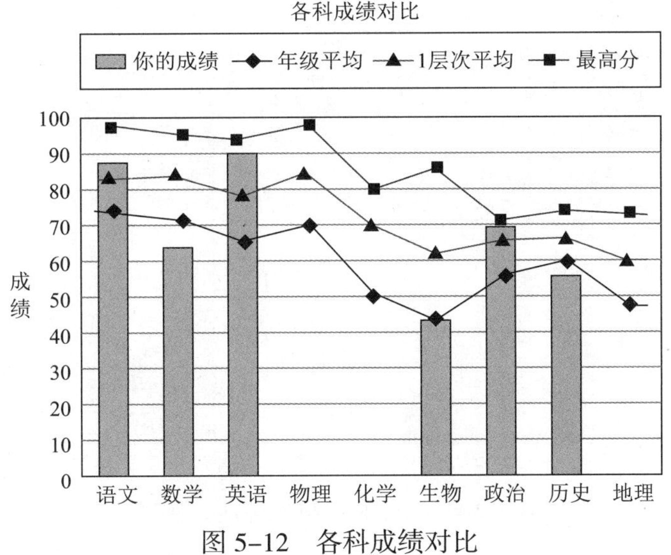

图 5-12 各科成绩对比

2. 总分及各科成绩变化

通过图 5-13 所示的总分及各科成绩变化图，综合分析近几次考试成绩，可以看到该学生数学成绩有所提高，政治、历史成绩略有提高；语文和生物成绩下滑，其他科目成绩保持了原有水平。在各科中，数学、英语、政治成绩的波动幅度较大。在后续学习中，需要关注各科成绩变化，确保成绩的稳步提升。

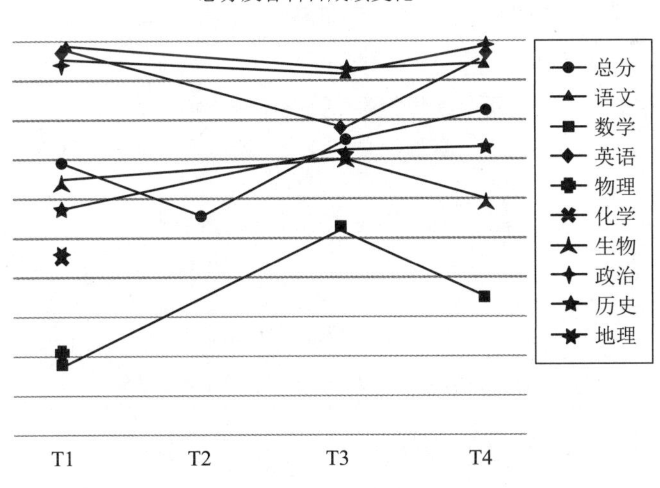

图 5-13 总分及各科目成绩变化

3. 总分及各科成绩所处的层次

通过图 5-14 总分及各科成绩所处层次的划分，可以更加明确下一步努力的目标。

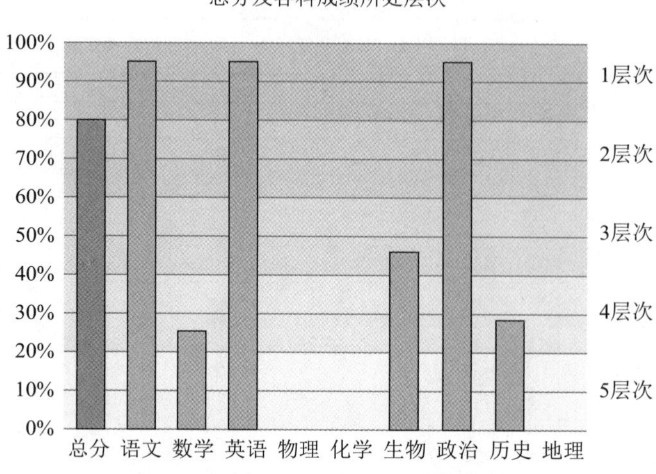

图 5-14　总分及各科成绩所处层次

除上述分析之外，还可以对学生单科按题目难度对比得分情况、按题型对比得分情况、按知识点对比得分情况及按学科能力对比得分情况等方向进行统计分析，如图 5-15 和图 5-16 所示。

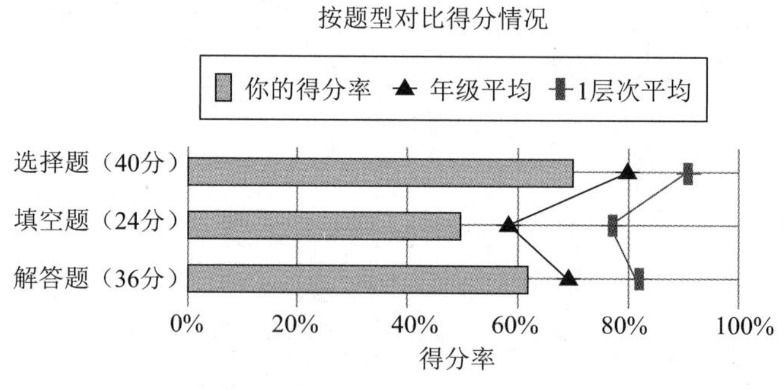

图 5-15　按题型对比得分情况

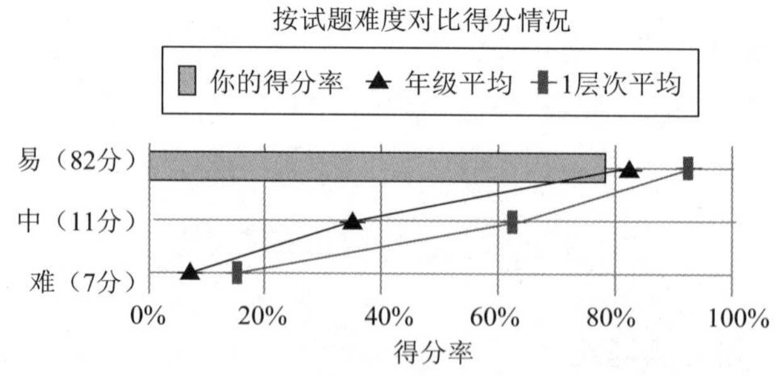

图 5-16　按试题难度对比得分情况

本章内容小结

本章介绍了几种常见的统计量的含义（知识检查点 5-1），了解了几种常用的统计方法（知识检查点 5-2），掌握了几种常用的搜索方法（能力里程碑 5-1）。

本章内容的思维导图如图 5-17 所示。

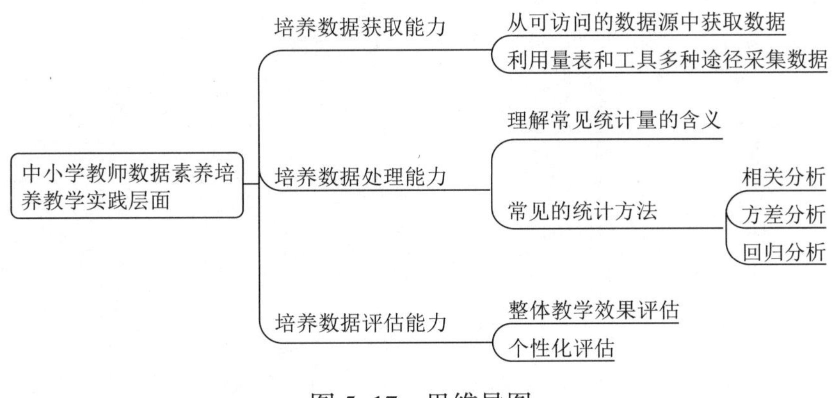

图 5-17　思维导图

自主活动：思考在你的教学工作中，是如何在课前、课中、课后获取相关教学数据的？

请学习者在学习完本章内容后，进行自我反思，并记录个人学习心得。

小组活动：交流获取、处理、评估数据过程中遇到的问题

请学习者围绕本章的学习主题进行组内交流，并做好小组学习记录。

评价活动：评价本章知识与能力学习水平

一、名词解释

相关分析（知识检查点 5-2）

回归分析（知识检查点 5-2）

二、简述题

1. 请列举 5 种常见的高级搜索指令（知识检查点 5-1）。

2. 有人认为，要比较不同学校或不同教学方法的教学效果差异，直接比较平均分就可以了，针对这一看法，请结合本章所提及的方差分析，谈谈你的看法（知识检查点 5-2）。

三、实践项目

请结合自身的教学工作，回顾在获取、处理和评估数据过程中遇到的困难，请写一个文档，简要分析可以从哪些方面培养和提升自身在数据获取、处理和评估方面的能力，尝试写出解决办法（能力里程碑5-1）。

第六章　中小学教师数据素养培养——教学探究层面

本章学习目标

在本章的学习中，要努力达到如下目标：

◆ 了解中小学教师运用数据驱动教学决策的流程（知识检查点 6-1）。

◆ 了解中小学教师运用数据开展教学研究的方向（知识检查点 6-2）。

◆ 掌握中小学教师运用数据驱动教学决策的方式（能力里程碑 6-1）。

◆ 掌握中小学教师运用数据开展教学交流的方式（能力里程碑 6-2）。

本章核心问题

运用数据驱动教学决策的方式有哪些？如何运用数据开展教学交流？中小学教师运用数据可以开展哪些教学研究？

本章内容结构

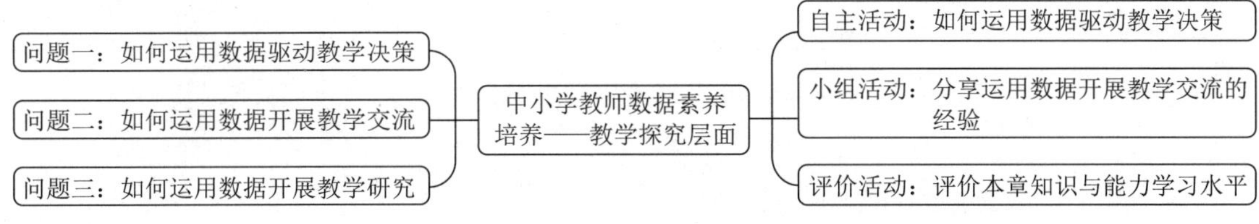

引　言

目前各地中小学校的信息化环境大大改善，为教学过程与结果数据的多维度、全程化采集创造了良好的条件。贯通课前、课中与课后的教学数据流正在生成，数据驱动的教学设计、教学组织与管理、学业辅导等教学业务开始走向精准化、精细化和精益化。大数据具有重构课堂教学流程与教学生态的潜能，将推动经验主导、低效重压、整齐划一的传统课堂转向全向互动、数据把脉、精准反馈、轻负高质的智慧课堂。

问题一：如何运用数据驱动教学决策？

对教师来说，数据驱动的教学决策是指为了实现教学目标，在获得一定教学信息的基础上，通过一定的教学经验和分析工具，对教学行为进行不断修正的过程。教师的课堂教学决策是成功实施课堂教学的重要保障。根据教学过程的不同阶段，教学决策可分为教学前的计划决策、教学中的互动决策、教学后的评价决策。

在教学活动中，教师的教学决策受教学经验、对学生的了解以及外部因素等诸多方面的影响。教师对学生的了解成为影响教学决策的重要前提。过去由于信息素养不够、技术发展限制等种种原因，面对众多教育信息无法处理。反映在教学过程中，教师教学决策表现为依赖经验，教学目标宽泛、不精准，教学设计依赖主观判断，教学评价缺乏科学性等。

而在教育大数据的驱动下，教师依据学情，通过对课前、课中及课后依据技术手段搜集到的数据信息进行研判和加工并制订教学决策，在此基础上引导学生学习，实现课堂教学与教育大数据的融合，让课堂教学具有科学性和有效性。

数据驱动教学决策的流程如图 6–1 所示。

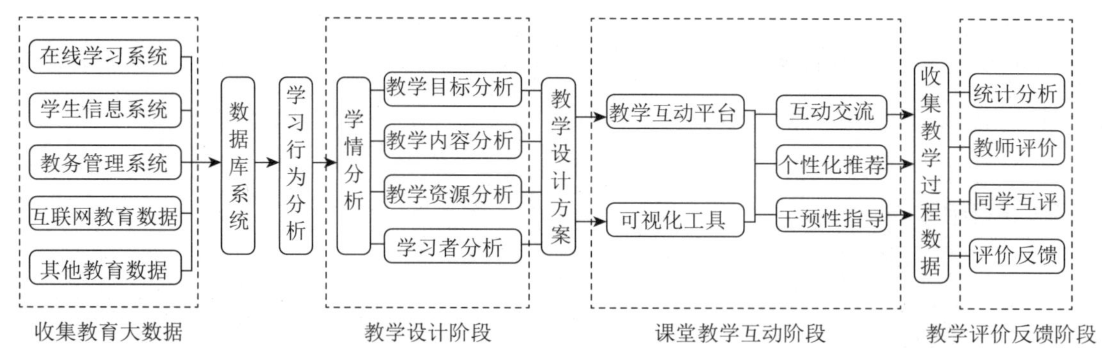

图 6–1　数据驱动教学决策流程图

一、基于课前数据的计划决策

随着信息技术的不断发展，在课前阶段，一方面，教师可以从网络平台中获取更适合的教学资源，在教学设计之前对这些网络数据资源提供的数据信息进行对比，为教学决策提供支持。另一方面，除了利用外部数据资源外，教师还可以建立内部数据资源的获取路径，利用大数据平台，引导学生开展有效的预习，并获得学生学习进度方面的相关数据。

引导学生开展有效的预习是教师的一项重要任务，开展预习，不但可以提高学生的听课效率，培养他们自主学习的能力，也为教学计划阶段的决策提供数据支持。在课前，教师选择教学问题，设计预习任务，提取学生学习数据，准确把握学生的知识缺陷、教学内容的关键点以及学生个体差异，从而可以形成有针对性的教学方案。具体步骤如下。

步骤一：教师根据实际需求，设计一个或多个预习活动，学生借助学习终端，提前在家完成预习任务。

当前智慧教室环境下常见的预习活动包括在线测验、观看微视频、互动提问、网络调查等。

步骤二：教师从获取的数据中解读有助于教学决策的关键信息。

教师借助大数据平台所反馈的数据和实时分析图，可以准确了解和分析学情。

例如，可以从学生的练习（评测）中，获取全部（单题）的完成时间、各人的得分情况及排序、知识点的掌握程度、题目的解答过程等数据，这些数据可以帮助教师了解班级和学生个体的练习完成情况，诊断学生对知识的掌握情况，捕捉学生学习中出现的错误及原因，分析学生解题的思维模式。

又如，可以从微视频学习中，获取每位学生观看微视频的时间、次数，以及观看过程中视频暂停的频次、暂停点，视频快进 / 倒退的次数及节点，这些数据可以帮助教师了解学生学习微视频的情况，发现学习重点与难点，比如说视频暂停、回放的地方有可能是内容太难了，学生没有看懂。

步骤三：教师将这些数据应用于教学设计过程，形成有针对性的教学方案。

拓展资料

以七年级下册《三角形的内角和》一课为例，介绍基于课前数据的教学计划决策。

一、课前预习活动设计

预习阶段，教师为学生提供《三角形的内角和》交互式微视频和导学单，学生根据导学单，通过微视频进行学习、探究、同伴交流及在线检测，如图 6-2 所示。其中微视频围绕“三角形的内角和是否是一个固定的值”这一核心数学问题进行设计。预习过程通过三个学习任务分解学习难度：

1. 创设情境，观察三角形任意三个内角度数的变化；

2. 度量不同的三角形内角度数并计算其和；

3. 教师介绍“验证内角和”的实验操作方法，引导学生思考“如何运用几何证明的方法论证猜想”。

预习活动旨在让学生经历观察、猜想、证明等学习过程，发展学生的演绎推理能力。

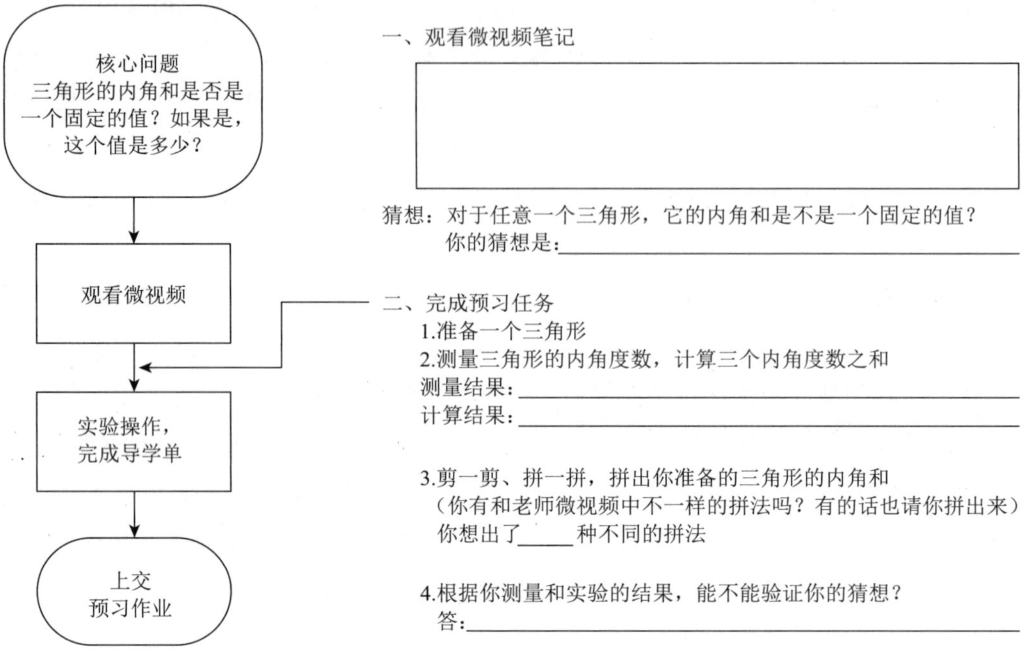

核心问题
三角形的内角和是否是一个固定的值？如果是，这个值是多少？

观看微视频

实验操作，
完成导学单

上交
预习作业

一、观看微视频笔记

猜想：对于任意一个三角形，它的内角和是不是一个固定的值？
你的猜想是：________________

二、完成预习任务
1.准备一个三角形
2.测量三角形的内角度数，计算三个内角度数之和
测量结果：________________
计算结果：________________

3.剪一剪、拼一拼，拼出你准备的三角形的内角和
（你有和老师微视频中不一样的拼法吗？有的话也请你拼出来）
你想出了_____种不同的拼法

4.根据你测量和实验的结果，能不能验证你的猜想？
答：________________

图 6–2　利用导学单完成课前预习全过程

二、课前学习数据及其分析

预习活动结束后，教师可收集到以下数据。

1. 学生观看微视频的时间、停顿点。结果是所有学生都在线观看了微视频，其中 95% 的学生花费的时间在 15 分钟以内，5% 的学生超过了 15 分钟。教师重点关注学习过程中遇到的困难，发现停顿点主要分布在“实验操作”阶段，由此，一方面可推断出学生正在跟随微视频中的实验方法进行操作验证，另一方面分析学生思维层面的停顿可能是不理解教师演示操作的理论依据而出现疑惑，因此可推断学生还没有全面掌握和灵活应用前置知识（平行线的性质）。

2. 在线检测反馈，全班有 82% 的学生得出了三角形内角和为 180 度的猜想，18% 的学生在角度测量中出现误差（误差值在正负 4 度以内），说明学生通过测量和计算基本上都能得出猜想，探讨运用几何证明方法来验证猜想可作为课堂教学的起点和重点。从学生“剪一剪、拼一拼”的结果中发现了四种验证三角形内角和的方法，如图 6-3 所示，这为课堂导入提供了生成性内容，也反映了学生思维的特点。其中得到方法一和方法三的学生的思维更具逻辑性，他们考虑到了两组相等的角的位置特点。

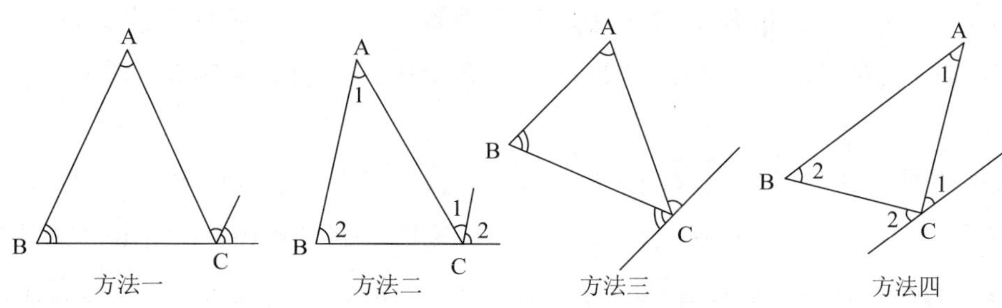

图 6–3　四种验证三角形内角和方法示意图

三、预习分析与教学设计的连接

结合学生观看微视频进行学习的停顿点及学生提交的验证方法可定位部分学生的知识缺陷，即还不能灵活运用前期所学的平行线相关知识；预习反馈表明，学生可以提出猜想，但是对于如何将实验操作中得到的方法转化为添加辅助线的方法还存在困难，应该把它作为课堂教学的重点问题；学生提交的验证方法存在思维和数量层面的差异，应该关注未能提出验证方法的学生，结合课堂学习情况提供个性化的学习指导；还要关注提交方法二和方法四的学生，引导他们认识两组相等角的位置特点。课堂教学应以展示学生预习过程中得出的猜想和验证三角形内角和方法为导入内容，让学生在协作学习活动中探究用几何理论证明三角形内角和的方法；应根据学生预习中反映出的思维特点、知识缺陷进行异质分组，引导学生通过组内思维碰撞，拓展思维的广度与深度。

二、基于课中数据的互动决策

传统教学过程中，教师在课堂上经常对课堂中出现的问题进行机械化的处理，例如漠视学生解决问题和参与活动的主动性，对生成性问题采取简单方式解决，当预设与实际情况出现偏离时，对课堂生成的新问题置之不理，忽略学生的个性差异，仍然按照预设的决策进行教学，这样不利于教学目标的达成。

而在教育大数据的背景下，教师可以系统地分析学生的学习行为数据，根据不同的学生群体特性，实现个性化教学。

1. 精选教学内容

根据教学需要，教师可以借助大数据技术和相关平台进行课前知识检测，同时也可以对其他相关因素进行观察和记录，根据得到的数据分析信息，教师能够依据不同层次学生的差异程度，设置不同类型、不同层次的学习内容，学生可以根据自己的能力自主解决问题，这些过程性数据通过互联网智能处理，能精准反馈到教师端。教师可以采取措施，对学生未掌握的知识进行补充讲解，并且设置有梯度的、具有一定难度的问题。

例如在生物课上，教师可以根据知识基础、认知特点、学习兴趣等，对学生分组，进行实验教学。对认知水平较弱的学生组，进行验证性生物实验教学，给出生物课本上提供的实验教学材料，让学生进行验证；对认知水平较强的组，进行探究性生物实验教学，给出与实验相关的多种实验材料让学生选择，并引导学生自己设计实验方案。

2. 进行针对性课堂随测

教师在课堂中可以利用平台提供的问题设置功能，通过系统智能化处理，针对不同的学生，分类推送不同层次的问题，进行巩固训练，检测学生的学习效果。随后依据课堂实时反馈的数据，及时调整课堂教学的难易度及进度。

3. 追踪学习过程中的数据

在网络学习环境中，教师可以通过数据挖掘和日志分析等手段，获取学生的访问行为、浏览行为、互动行为、评价行为、作业提交行为等方面的数据。在采集到学生的学习行为大数据后，经过严格的数理分析与逻辑建构，可以分析学生的学习过程全貌。

基于大数据的教学过程应该遵循以下几个原则。

（1）即时反馈原则。教师应根据学习数据统计结果，实时查看并了解学生的学习数据，发现学生的问题，及时纠错，从而有效监控学习过程。

（2）教学分层原则。在同一课堂中，教师需根据学生的不同水平设置不同的教学目标和内容，有针对性地引导每一个层次的学生明确自己所要完成的目标和任务。

（3）形成性评价原则，即教师在教学过程中根据实时收集到的学习数据，及时了解学习情况、发现问题，提出相应的调整策略，改进教学。

拓展资料

以解决问题为导向的基于课中数据的互动决策

学生在某教学平台移动终端完成教师布置的课堂听力练习“Listen and check Wei Ming’s problems”，学生练习的用时情况、分数、排名等数据实时上传至教师移动终端（见图 6-4）。

排名	姓名	成绩	用时
8	李绍峰	100	01:02
9	赵凯如	100	01:04
10	邵　丁	100	01:04
11	张艺萌	100	01:06
12	孙丽矗	100	01:08
13	赵洋林	100	01:11
14	仲晓瑞	67	00:40
15	南秉林	67	00:58
16	孙思勤	67	01:01
17	梁家宁	67	01:03
18	赵疆含	67	01:03
19	纪辉交	67	01:06
20	王摩鸥	67	01:08

练习结果

排名　题目解析

平均分:88 分

用时:01:19　全对:13 人　60 分以下:0 人

图 6-4　学生练习的实时反馈数据

从成绩结果看，学生的数据虽未达到理想分数，但达到了教师预计的目标——“学生能对听力材料做初步的梳理”，这时需要教师简单梳理后进入下一环节。教师查看并诊断了学生的错题，调出变换后的题型，再次引导学生重复听材料，进行深层次的知识加工。在课堂教学过程中，该教学平台可以分析作业练习的行为数据，帮助教师及时调整教学：如果通过班级整体随堂作业得分数据分析图发现目标尚未达成，则对当前的短板知识点进行补充讲解；如果发现目标已经达成，则执行下一个教学步骤，如此，直到教学目标全部完成。

三、基于课后数据的评价决策

教学评价是与教学活动紧密联系在一起的教学行为，有效的评价与反馈能够了解学生的知识需求与不足。

1. 过程性评价决策

课后阶段的教学决策可以基于过程分析进行实时改进，通过过程性评价促进学生的学和教师的教，完善教学方案的设计。

例如，教师可以依据课前和课中的测试数据，布置不同层次和不同难度的课后练习题，避免所有学生做同一份作业，进行“不必要”的练习，从而减轻学生的学业负担。学生的个性化练习题如图 6–5 所示。

我的错题20：

20.生物体内某种多聚体含C、H、O、N、S等元素，下列有关这种聚体的功能的叙述，错误的是（　　）。

A.可能具有催化功能，能为化学反应提供活化能

B.可能具有运输功能，能作为离子进出细胞的载体

C.可能具有免疫功能，能与侵入机体的抗原特异性结合

D.可能具有识别功能，能与神经递质特异性结合

推荐题20.1

下列有关泌蛋白的叙述，错误的是（　　）。

A.分泌蛋白的细胞内的合成需要核糖体的参与

B.线粒体能为分泌蛋白的合成和运输提供能量

C.分泌蛋白先经过高尔基体再经过内质网分泌到细胞外

D.分泌蛋白从细胞内排出时，囊泡的膜可与细胞膜融合

推荐题20.2

如图为细胞间信息交流的一种方式，下列有关叙述中，不正确的是（　　）。

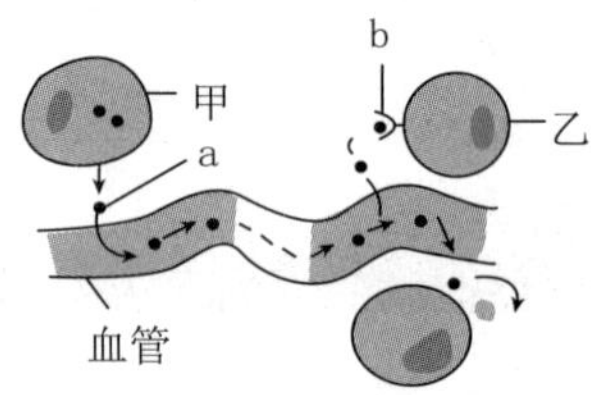

A.图中反映了细胞膜具有细胞间信息交流的功能　　B.图中乙细胞表示靶细胞

C.图中a表示信号分子（如激素）　　D.图中b表示细胞膜上的载体

图 6–5　学生的个性化练习题

智能化处理系统可以将学生的答题情况（包括答题时间、提交时间、答题准确率及在班级中的排名位置）实时反馈到教师端，通过系统的智能数据处理，不仅可以节省教师翻阅作业的时间，还可以为教师进行作业评判讲解提供精准的反馈信息，使教师能对学生开展有针对性的课后辅导，实现有效的教学反思。通过针对性练习，学生在解决原有问题的同时可能会产生新的困惑。智能化处理系统可以通过多次评测学生的薄弱环节采集数据并进行分析，最终对每位学生形成精准、合理的综合评价报告。

2. 个性化评价决策

教育大数据支持的教学评价，可以对学生的学习背景、学习过程等数据进行整合、分析，为学生提供个性化的评价报告。大数据平台支持基于问题诊断的、改进教育教学的评价机制，教师在此基础上可以制订出更合理的教育教学决策方案，引领学生全面发展。

3. 动态评价决策

在教学过程中，运用增值评价等方式可以跟踪学生的发展变化并进行动态评价，如图6–6所示。教师通过这些动态的、发展的评价，可以全面了解学生的情况，让教学决策从关注学生学习结果变为关注学生的成长过程，以此来促进学生核心素养的培养。

了解成绩变化趋势，确保成绩稳步提升

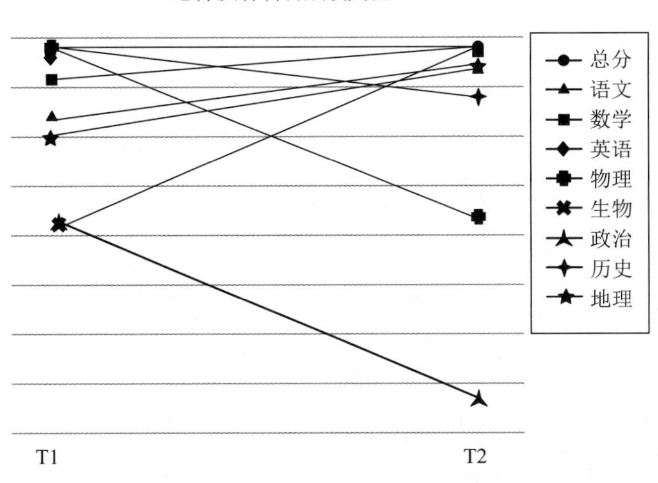

综合分析你近几次考试的成绩，生物有了较大提升，语文、数学、地理略有提高；但是物理、政治、历史下滑，请查找原因。其他科目保持了原有水平。

注：T1：初二上期末；
T2：初二下期末；

图 6–6　成绩追踪分析示意图

4. 建立教学预测

在大数据时代，应用数据建立的教学预测具有前瞻性和预警性。教师可以充分发挥大数据的预测功能，对学生的学习态度、家庭背景、成长经历、兴趣爱好、学习风格、智力水平等因素及它们之间的关系进行分析，通过数据建模，预测学生在某一阶段的发展趋势，及时发现潜在问题，快速识别需要帮助的学生，在学生的学习过程中给予及时的帮助和必要的干预。

例如，在生物教学中，教师可以结合学生的学习数据，预测学生对“细胞的增殖”中“有丝分裂的过程”会存在理解困难。因此，在教学过程中可以把有丝分裂作为教学难点，采用观看动画、展示教具、学生自己动手画图或制作模型等方法进行重点讲解。

问题二：如何运用数据开展教学交流？

运用教育数据进行教学交流是教师数据素养的价值体现。教育数据交流主要是指教师使用数据，与教学利益相关者针对教学相关主题进行交流。这种交流主要包括与学生、家长、同事、领导以及自身这五个方面的交流。

一、与学生的交流

教师可以结合数据告诉学生其学习进展情况和学习水平，让学生对自己的学习状态有更加客观、全面的了解和认识，也可以让学生更好地完成下一步的学习计划。

例如，教师可以在测试结束后，借助阅卷分析系统分析学生在各个能力点的得分情况并告诉学生，如图 6–7 所示，从而让学生对自己的学习状况有一个更加全面和客观的了解。

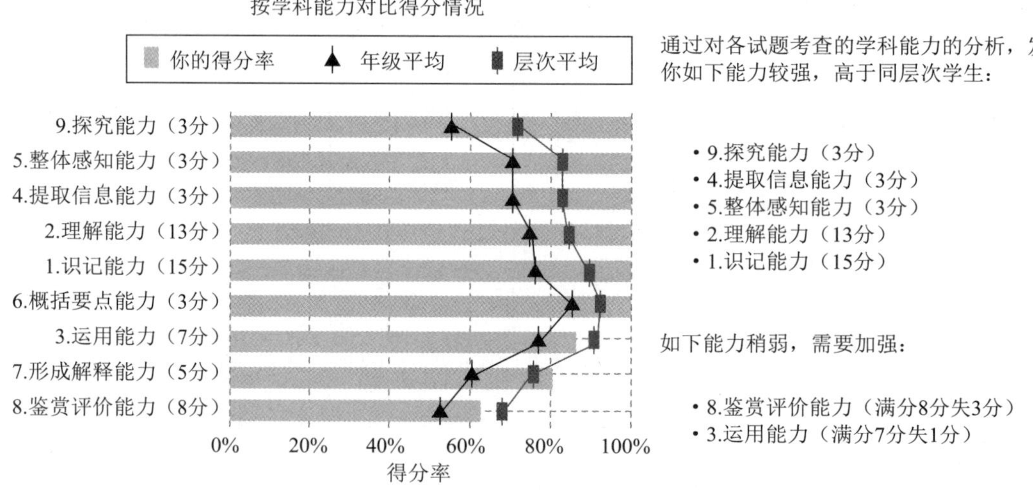

图 6–7　按学科能力对比得分情况

二、与家长的交流

教师可以结合数据对学生的学习情况进行描述，与家长进行客观的交流。这样做可以加强家长对学生学习状况的了解，使其能够根据数据所反映出的信息对学生进行个性化的家庭教育，从而形成教育合力。

例如，教师在与家长交流时，可以借助阅卷系统生成的表 6–1 所示的学生全学科成绩分析表和图 6–8 所示的雷达图，使家长客观地认识学生的学习状况，了解学生在群体中处于什么水平以及未来的努力方向，等等。这样做一方面可以帮助家长更好地引导孩子的学习；另一方面，当教师在根据数据采取一些针对性措施时，家长们也能理解并参与。

表 6-1 全学科成绩分析表

成绩总览	全学科成绩分析（校级）	全学科成绩分析（市级）					
全学科成绩分析（校级）							
科目	语文	数学	英语	物理	化学	生物	总分
分数	64	86	39	50	30	24	293
中阶平均分	82	84	64	33	34	35	316
高阶平均分	90	102	83	47	43	45	371
年级最高分	102	124	106	86	60	58	477
科目所处阶位	低阶	中阶	低阶	高阶	低阶	低阶	低阶

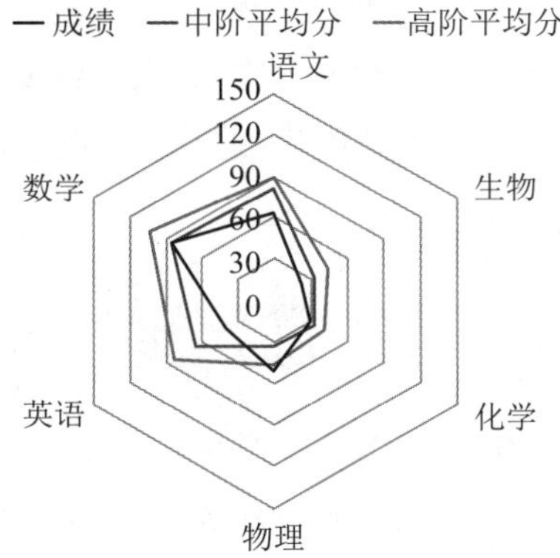

图 6–8 全学科成绩雷达分析图

三、与同事的交流

教师可以结合数据形成自己的教学日志或报告，这些报告能够有效地反映教师教学的过程、效果和经验，教师还可以与同事们共享这些数据报告，交流教学现状、教学理念和教学手段等方面的信息，从而促使教师们互相学习优秀经验，优化自身的教学模式。

四、与领导的交流

教师基于数据向领导汇报工作，能够使领导更清楚地了解教师的工作现状。

五、与自身的交流

教师用数据记录教学，可以帮助自己客观地总结和反思自身的教学行为，从而避免教学反思的主观性和模板化。

例如，测试结束后，教师可以借助阅卷分析系统，统计某个班级学生客观题的答题情况，如表 6–2 所示。

表 6-2　班级学科能力得分率和年级差

班级学科能力得分率与年级差

深灰色代表高于年级得分率5%以上（含5%）
黑色代表高于年级得分率5%以内
浅灰色代表低于年级得分率

学科能力	年级得分率	得分率与年级差
		3班
空间想象能力	87.5%	1.8%
运算能力	84.8%	-0.6%↓
问题解决能力	62.1%	5.8%↑
逻辑推理能力	61.0%	5.1%↑

基于这些数据对教学进行反思，教师就可以避免主观臆断。观察表 6–2，可以明显看出该班学生在解决问题能力和逻辑推理能力方面的得分率远远高出年级得分率，而在运算能力方面的得分率则低于年级得分率。教师需要反思出现这种现象的原因，在后续教学过程中，进一步加强对学生运算能力的培养。

拓展资料：北京教育学院丰台分院 COP 培训

北京教育学院丰台分院组织开展了教师在线实践社区（The Teacher’s Online Community of Practice，简称靠谱 COP）培训项目，旨在帮助每一位参与项目的教师掌握 3 ～ 5 种常用的课堂观察方法与技术，即能够对课堂教学行为大数据进行采样、分析与诊断，在获得直接经验的基础上，发现存在的问题并提出解决方案，还可以以助学者的身份帮助其他教师。教师通过 S-T 分析、有效性提问、教师回应、四何（是何、如何、为何、若何）问题、对话深度等多个维度的课堂教学行为大数据，对教学过程中的探究深度、合作效度、生成高度和自主程度等进行诊断，同时还可以利用这些大数据分析教师对教育信念、自我知识、人际知识、策略知识、情境知识和反思知识等实践性知识的掌握情况。

下面以清华附中丰台学校初一年级李欣老师所教授的一节英语泛读课为例，介绍丰台区参与培训项目学校的教师是如何使用大数据改善课堂教学行为的。

李欣老师分别于 2018 年 5 月 8 日和 5 月 29 日在初一年级两个班中，针对书虫《Police TV》的故事进行泛读教学的授课。通过运用 COP 培训中所学到的课堂观察和诊断方法，在专家、同伴的共同努力下进行了不同维度的数据采集和分析，图 6-9 就是两次授课的数据对比图。

两次授课的类型均为学生占主体的混合型教学类型，在课堂教学中，很好地突出了以学生为主体的教学原则。两次授课所呈现出的数据的对比说明如下。

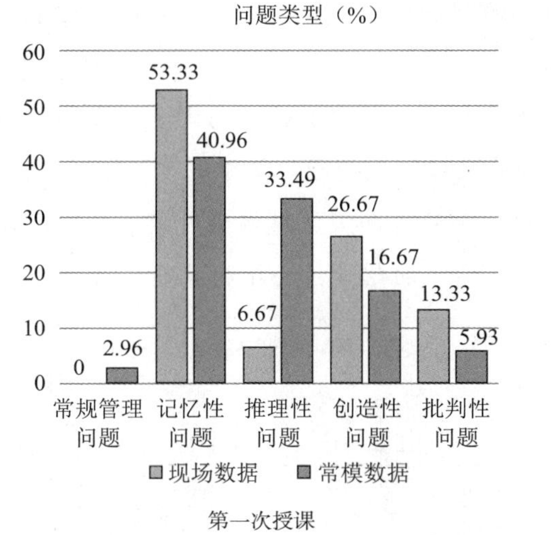

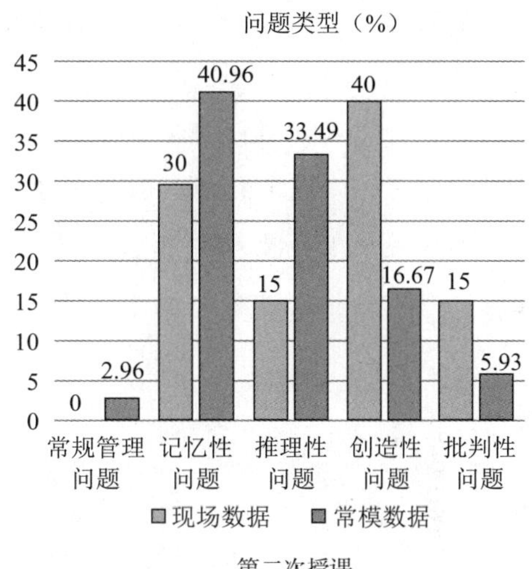

图 6–9 教师提问问题类型对比图

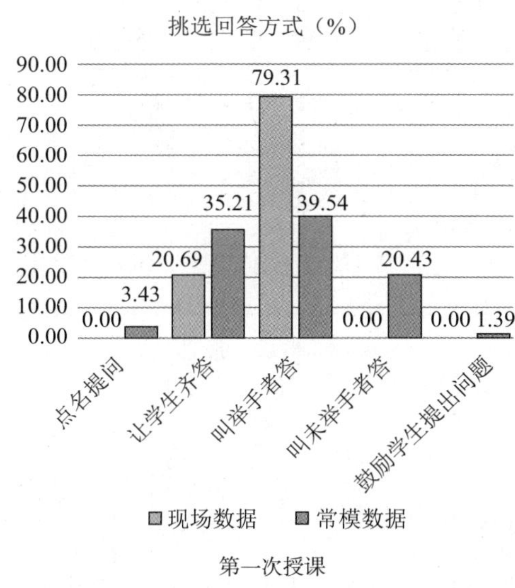

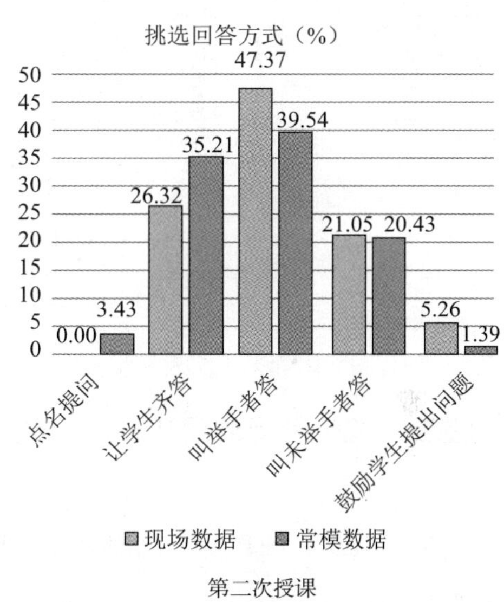

图 6–10 学生回答方式对比图

从问题的类型来看，在第二次授课中教师减少了记忆性问题的比重，增加了推理性问题、创造性问题、批判性问题的比重。教师通过高质量的提问，引导和鼓励学生积极思考，充分展开联想，积极发表自己的观点，从而有效地培养了学生的创造性思维、批判性思维，为学生的语言表达提供了广阔的空间。

在挑选学生回答问题的方式方面，教师在第二次授课中减少了请举手者回答问题的比重，增加了未举手者回答问题的比重并鼓励学生提出问题，如图 6-10 所示。在回应学生的回答时，教师十分关注每位学生在学习过程中的感受，增加了肯定的应答方式，避免过多地打断学生的回答或代答，为每位学生表达自己的想法提供了机会，充分体现了对学生的关注与尊重。

在问题设计方面，教师在第二次授课中增加了如何及若何类问题的比重，增加了师生之间的对话深度，体现了教师在课堂教学中更加关注对学生的思维训练深度（见图 6-11）。这些问题不仅关注了学生对文本基本信息的理解，而且更加关注对学生对文字背后隐含信息的理解、判断和推理过程的训练，很好地训练了学生的创造性思维和批判性思维。

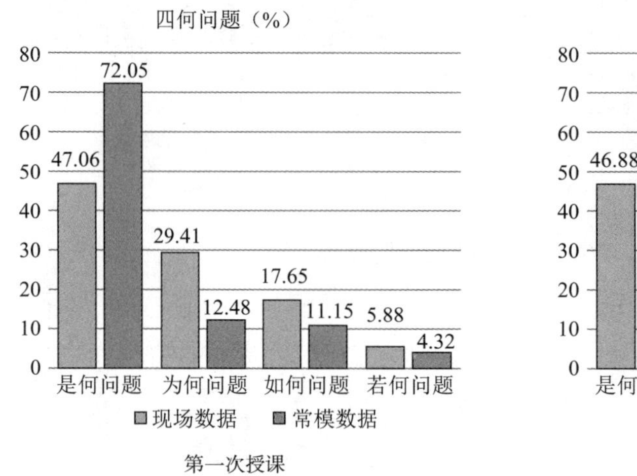

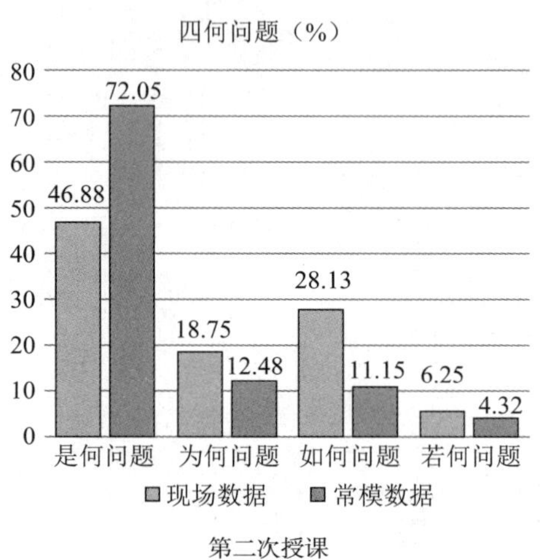

图 6-11　问题设计对比图

问题三：如何运用数据开展教学研究？

一、运用数据，使教学研究由关注“教”转向聚焦“学”

在传统的教学研究过程中，教师大多只能根据经验来预测学生的体验，随着大数据时代到来，教师能够借助视频传输、数据收集、点对点终端、云存储服务器和个性化的数据分析软件等，从技术层面解决数据源缺乏的问题，并对数据进行全面的处理和分析。教师通过运用数据，可以将教研视角由关注“教”转向关注“学”，同时在学情的研究与预判中也能够获得更为鲜活的素材。

例如，教师可以通过分析近几年的学生试卷及作答情况数据，对某个知识点进行统计分析，从统计数据中了解学生在该知识点的得分情况，从而对学生进行预判，并针对此知识点在教学中设计平移性教学模式，在课前通过平台将该类型知识点的学习资源及学习任务单推送给学生，而学生也能够通过手机终端完成课前的自主学习。

另外，教师在设计试题的过程中，还可以通过分析近几年试卷中某个知识点的得分情况以及学生的答题情况，对试题的难度进行估计和预测，用以提高命题质量，达到准确检测学生能力的目的。

二、运用数据，使教学研究由经验重复转向数据实证

在大数据时代，现代化教学产生了海量数据，这些数据为有效解决经验重复型教研的弊端找到了依据和方向。通过收集、整理和分析实验数据，教师能够更加有效地确立教研主题，让研究直指现实问题的解决。而通过借助“云教研、云管理”等新技术手段，也能够获取过去无法收集与分析的数据，从而为教师有效开展问题的探究和课题的论证提供技术保障。相比传统经验重复型教研，这种依托数据实证的教研更加具有科学性、逻辑性和说服力。

例如，在教学过程中，教师想要了解什么是合适的指导，在何种时间，使用何种方法、策略和资源才能有助于教学。例如在某一堂课前，通过对部分学生开展调查，进行数据比对和逻辑分析，教师发现，有时学生能够通过不断地尝试，最终获得解决问题的方案，而在其他学习环节或者节点，学生即使不断尝试，却依然陷入困境。教师在明确了学生存在困难的学习环节或节点后，在设计教学时，就可以进行相应的调整和设计。比如说不希望学生最终陷入困境，教师就可以设计一套全新的学习方案来阻止学生沿着死胡同走下去；又或者根据教学目标，有意让学生去探索这条死胡同，等到学生意识到了这是一条死胡同后，再慢慢引导他们脱离困境。这种基于数据进行的课题研究，为调整和设计教学提供了依据，改变了以往传统教研中“以主观经验判断为主，通过反复实践验证主观经验”的教研方式。

拓展资料：上海市静安区“社会性与情绪能力养成”实践项目研究

上海市静安区在7所幼儿园和9所小学试点实施“社会性与情绪能力养成”实践项目研究。经过近百名教师长达四年多的摸索和改进，如今，静安区小学阶段的“社会性与情绪能力养成”课程正逐步走向成熟，其研究方法之一就是“实证研究”。学校以“社会性情绪”项目为主题，探索出依靠“数据终端”收集记录每个学生、每堂课、每个环节的表现数据的方法。例如，在一节拥有六个环节的课堂上，大部分时间内学生的节奏都能紧密跟随教师，但是在某个环节，大多数学生停留的时间远远超过了教师。这就提醒教师，这个环节需要着重研究，需要调整，也许这部分的内容非常吸引学生，但也有可能这部分内容难度较高，学生需要更多的时间理解与消化。这种借助大数据进行教研探索的方法也适合于教师在课堂中更有效地捕捉学生点滴行为的微观研究。可以这样说，大数据时代的到来，让跟踪每一个数据成为可能，从而让研究“人性”成为可能。而对于教育研究者来说，教师将比任何时候都更接近于发现真正的学生。

三、运用数据，使教学研究由零散问题研究转向系列项目研究

在大数据时代，由于教学平台、教研平台、管理平台已经实现有效对接，各个层面、各个系列的数据已经可以共享到大教育的“云平台”，因此，无论是数据调用还是数据收集，都已经或者能够成为中小学教育教研的常态。教师开始自觉地、有意识地采集、转化和运用数据，并开展系列性、周期性、可比对性的常态研究。而这些经过甄别、筛选的数据，正成为主题教研和项目研究最强有力的实证，也给那些因为技术或条件限制无法获取研究数据而苦恼的教师带来教研思路的转变，最终帮助教师实现由零散问题研究向系列项目研究的转变。

本章内容小结

本章介绍了中小学教师运用数据驱动教学策略的过程（知识检查点 6-1）、运用数据开展教学研究的方向（知识检查点 6-2），同时介绍了运用数据驱动教学决策的方式（能力检查点 6-1）以及运用数据开展教学交流的方式（能力检查点 6-2）。

本章内容的思维导图如图 6-12 所示。

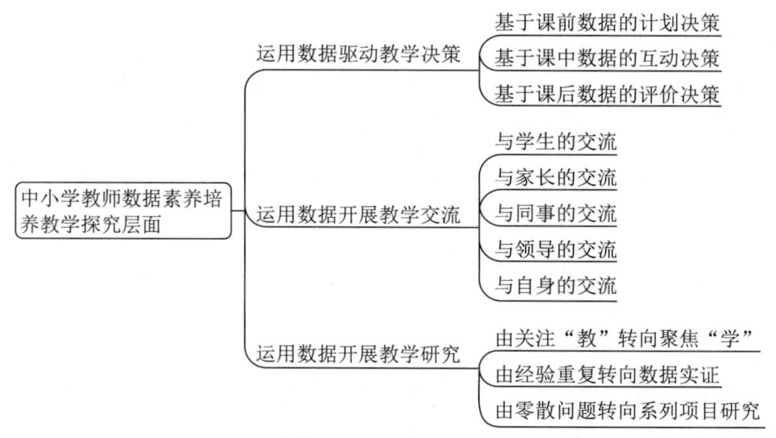

图 6-12　思维导图

自主活动：如何运用数据驱动教学决策

请学习者在学习完本章内容后，进行自我反思，并记录个人学习心得。

小组活动：分享运用数据开展教学交流的经验

请学习者围绕本章的学习主题进行组内交流，并做好小组学习记录。

评价活动：评价本章知识与能力学习水平

一、名词解释

教学决策（知识检查点 6-1）

二、简述题

1. 简单叙述数据驱动教学决策的流程（知识检查点 6-1）。

2. 有人认为，教学研究是教研员的事情。针对这一看法，请结合本章所提及的运用数据开展教学研究，谈谈你的看法（知识检查点 6-2）。

三、实践项目

1. 在实际教学工作中，你是如何在课前、课中、课后运用数据进行教学决策的（能力里程碑 6-1）？

2. 请举例说明你是如何运用数据开展教学交流的（能力里程碑 6-2）。

参考资料

[1] 阮士桂，郑燕林，教师数据素养的构成、功用与发展策略 [J]. 现代远距离教育，2016(1).

[2] 刘雅馨，杨现民等．大数据时代教师数据素养模型构建 [J]. 学科建设与教师发展，2018(2).

[3] MANDINACH, E. B. A perfect time for data use: using data-driven decision making to inform practice[J]. Educational psychologist, 2012, 47(2): 71-85.

[4] The michael and susan dell foundation. An analysis of the licensure requirements that pertain to data literacy: an interim report, revised [EB/OL]. (2013-10-08) [2017-01-08].

[5] Data Quality Campaign. What's the difference between assessment literacy and data literacy[EB/OL]. (2014-07-01) [2017-02-08].

[6] MANDINACH E B. Data literacy is more than just test results: Why it is important in early childhood education [EB/OL]. (2017-04-15) [2017-07-14].

[7] Appalachia Regional Comprehensive Center. Enhancing teacher data literacy: what seas and their partners can do[EB/OL]. (2014-02-01) [2017-02-05].

[8] 李青，任一姝．国外教师数据素养教育研究与实践现状述评 [J]. 电化教育研究，2016, 37(5).

[9] 苏云凤．大数据背景下高中生物教师数据素养的培养研究 [D]. 哈尔滨师范大学，2018.

[10] 杜莹．从预成性思维到生成性思维——教学论研究思维方式的新走向 [D]. 天津师范大学，2010.

[11] 杨现民，骆娇娇，刘雅馨等．数据驱动教学：大数据时代教学范式的新走向 [J]. 电化教育研究，2017(11).

[12] 罗祖兵．教学思维方式：含义、构成与作用［J］．教育科学研究，2008（Z1）．

[13] Kim Schildkamp, Louisa Karbautzki, Jan Vanhoof. Exploring data use practices around Europe：Identifying enablers and barriers［J］. Studies in Educational Evaluation, 2014, 42.

[14] Jan Vanhoof. From 'professional development for data use' to data use for professional development［J］. Studies in Educational Evaluation, 2014, 42.

[15] 周文娟．"人工智能+"时代的教育变革路向研究［J］．郑州轻工业学院学报（社会科学版），2018, 19（06）．

[16] 李青，赵欢欢．教师数据素养评价指标体系研究［J］．电化教育研究，2018, 39（10）．

[17] 冯晓英，孙雨薇，曹洁婷．"互联网+"时代的混合式学习：学习理论与教法学基础［J］．中国远程教育，2019（02）．

[18] 牛铖瑶．人工智能时代，教师何去何从［J］．现代农业研究，2018（11）．

[19] 张艳．基于大数据的教育变革与应用研究［A］．中国计算机用户协会网络应用分会，中国计算机用户协会网络应用分会2018年第二十二届网络新技术与应用年会论文集［C］．中国计算机用户协会网络应用分会：北京联合大学北京市信息服务工程重点实验室，2018（3）．

[20] 张力玮，郭瑞．大数据时代教师需要怎样的数据素养——访江苏师范大学智慧教育学院院长、江苏省教育信息化工程技术研究中心常务副主任杨现民［J］．世界教育信息，2019, 32（12）．

[21] 陈缓缓．大数据时代中学政治教师数据素养研究［D］．聊城大学，2018.

[22] 张鑫．中小学教师数据素养提升策略研究［D］．北京邮电大学，2019.

[23] 袁园．高校教师数据素养的构成、作用与发展策略［J］．无锡职业技术学院学报，2017, 16（05）．

[24] 李青，任一姝．教师数据素养能力模型及发展策略研究［J］．开放教育研究，2016, 22.

[25] 杨艺．大数据思维下教学过程数据分析及应用研究［J］．中国远程教育，2016（11）．

[26] 隆茜．数据素养能力指标体系构建及高校师生数据素养能力现状调查与分析［J］．图书馆，2015（12）．

[27] Love, N. , Stiles, K. E. , Mundry, S. , & DiRanna, K.（2008）. The data coach's guide to improving learning for all students：Unleashing the power of collaborative inquiry［M］. Corwin Press：38.

[28] Love, N.（2013）. Data literacy for teachers［EB/OL］.［2016-04-15］.

[29] 方海光．教育大数据［M］．北京：机械工业出版社，2016.

[30] 任磊．大数据可视分析综述［J］．软件学报，2014.

[31] 李堡萍．教育技术咨询［J］现代教育技术，2016.

[32] Data Quality Campaign (2014). Roadmap for educator licensure policy addressing data literacy: Key focus areas to ensure quality [DB/OL] [2016-04-21].

[33] Denton, D. W. (2013). Responding to edTPA: Transforming practice or applying shortcuts? [J]. AILACTE Journal, 10 (1): 19-36.

[34] Farley-Ripple, E. N. & Buttram, J. L. (2014). Developing collaborative data use through professional learning communities: Early lessons from Delaware [J]. Studies in Educational Evaluation, 42.

[35] 洪亮．大数据时代校本教研转型策略及路径 [J]．中国教育学刊，2015.

[36] 管珏琪，孙一冰，祝智庭．智慧教室环境下数据启发的教学决策研究 [J]．中国电化教育，2019.

[37] Marsh, J. A. (2012). Interventions promoting educators 3 use of data: Research insights and gaps [J]. Teachers College Record, 114 (11).

[38] Nunnaley, D. (2013). Professional development to build data literacy: The view from a professional development provider [J]. The Journal of Educational Research & Policy Studies, 1.

[39] 王林毅，于巧娥．基于大数据的教学模式探析 [J]．教育评论．2015 (05): 114-116.

[40] 刘雅馨，杨现民，李新等．大数据时代教师数据素养模型构建 [J]．电化教育研究，2018, 39 (02).

[41] 邹逸，殷玉新．从“基于经验”到“数据驱动”：大数据时代教师教学决策的新样态 [J]．教育理论与实践，2018, 38 (13).

[42] 龙虎，李娜．大数据技术下的数据驱动教学范式研究 [J]．电脑知识与技术，2018, 14 (20).

[43] 张颖超．大数据对高等教育发展的影响研究 [D]．重庆大学，2016.

[44] 王惠．基于大数据的教学决策改进方法研究 [J]．九江职业技术学院学报，2019.

[45] 北京教育学院丰台分院微信公众号

[46] AI 名师微信公众号